2023年国家法律职业资格考试

主观题

带写带练·真题集萃·进阶案例

理论法
沙盘推演

Basic Theory of Legal Science

高晖云 编著

厚大出品

中国政法大学出版社

对目标不吝啬努力　对困难无止境抗争

2023厚大在线学习群专享

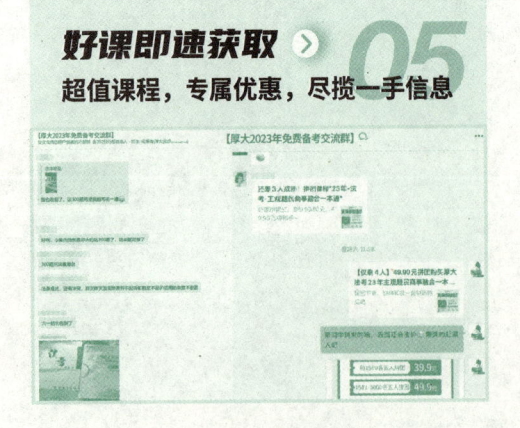

01 法考讯息速递
节点提醒，考情分析，关键信息整合

02 备考策略分享
备考方法，科目攻略，复习方案规划

03 专属内部资料
思维导图，阶段讲义，每日干货分享

04 专场直播分享
热点评析，干货讲座，资料直播解读

05 好课即速获取
超值课程，专属优惠，尽揽一手信息

扫码回复"学习群"
即可加入

代总序

做法治之光
——致亲爱的考生朋友

如果问哪个群体会真正认真地学习法律，我想答案可能是备战法考的考生。

当厚大的老总力邀我们全力投入法考的培训事业，他最打动我们的一句话就是：这是一个远比象牙塔更大的舞台，我们可以向那些真正愿意去学习法律的同学普及法治的观念。

应试化的法律教育当然要帮助同学们以最便捷的方式通过法考，但它同时也可以承载法治信念的传承。

一直以来，人们习惯将应试化教育和大学教育对立开来，认为前者不登大雅之堂，充满填鸭与铜臭。然而，没有应试的导向，很少有人能够真正自律到系统地学习法律。在许多大学校园，田园牧歌式的自由放任也许能够培养出少数的精英，但不少学生却是在游戏、逃课、昏睡中浪费生命。人类所有的成就靠的其实都是艰辛的训练；法治建设所需的人才必须接受应试的锤炼。

应试化教育并不希望培养出类拔萃的精英，我们只希望为法治建设输送合格的人才，提升所有愿意学习法律的同学整体性的法律知识水平，培育真正的法治情怀。

厚大教育在全行业中率先推出了免费视频的教育模式，让优质的教育从此可以遍及每一个有网络的地方，经济问题不会再成为学生享受这些教育资源的壁垒。

最好的东西其实都是免费的，阳光、空气、无私的爱，越是弥足珍贵，越是免费的。我们希望厚大的免费课堂能够提供最优质的法律教育，一如阳光遍洒四方，带给每一位同学以法律的温暖。

没有哪一种职业资格考试像法考一样，科目之多、强度之大令人咋舌，这也是为什么通过法律职业资格考试是每一个法律人的梦想。

法考之路，并不好走。有沮丧、有压力、有疲倦，但愿你能坚持。

坚持就是胜利，法律职业资格考试如此，法治道路更是如此。

当你成为法官、检察官、律师或者其他法律工作者，你一定会面对更多的挑战、更多的压力，但是我们请你持守当初的梦想，永远不要放弃。

人生短暂，不过区区三万多天。我们每天都在走向人生的终点，对于每个人而言，我们最宝贵的财富就是时间。

感谢所有参加法考的朋友，感谢你愿意用你宝贵的时间去助力中国的法治建设。

我们都在借来的时间中生活。无论你是基于何种目的参加法考，你都被一只无形的大手抛进了法治的熔炉，要成为中国法治建设的血液，要让这个国家在法治中走向复兴。

数以万计的法条，盈千累万的试题，反反复复的训练。我们相信，这种貌似枯燥机械的复习正是对你性格的锤炼，让你迎接法治使命中更大的挑战。

亲爱的朋友，愿你在考试的复习中能够加倍地细心。因为将来的法律生涯，需要你心思格外的缜密，你要在纷繁芜杂的证据中不断搜索，发现疑点，去制止冤案。

亲爱的朋友，愿你在考试的复习中懂得放弃。你不可能学会所有的知识，抓住大头即可。将来的法律生涯，同样需要你在坚持原则的前提下有所为、有所不为。

亲爱的朋友，愿你在考试的复习中沉着冷静。不要为难题乱了阵脚，实在不会，那就绕道而行。法律生涯，道阻且长，唯有怀抱从容淡定的心才能笑到最后。

法律职业资格考试不仅仅是一次考试，它更是你法律生涯的一次预表。

我们祝你顺利地通过考试。

不仅仅在考试中，也在今后的法治使命中——

不悲伤、不犹豫、不彷徨。

但求理解。

厚大®全体老师 谨识

目录 CONTENTS

第一部分 理论法攻略 001

学科特点 001
    一、分值分布 001
    二、考情分析 001
    三、命题规律 004

写作套路 008
    一、阅读技巧 008
    二、设问角度 010
    三、答题思路 012
    四、写作步骤 016

写作标准 019
    一、整体：凤头、猪肚、豹尾 019
    二、细节：准确、完整、通顺 019

案例带写 022

第二部分 ▶ 真题集萃　　　　　　　　　　　　　　　028

- 2022 年法考主观题回忆版 …………………… 028
- 2021 年法考主观题回忆版 …………………… 034
- 2021 年法考主观题回忆版（延考卷）………… 039
- 2020 年法考主观题回忆版 …………………… 044
- 2019 年法考主观题回忆版 …………………… 049
- 2018 年法考主观题回忆版 …………………… 054
- 2017 年司考卷四第一题 ……………………… 059

第三部分 ▶ 大综案例　　　　　　　　　　　　　　063

- 案例一　习近平法治思想的地位和内在逻辑 ……… 063
- 案例二　习近平法治思想的鲜明特色和重大意义 … 069
- 案例三　坚持党对全面依法治国的领导 …………… 075
- 案例四　坚持中国特色社会主义法治道路 ………… 080
- 案例五　坚持在法治轨道上推进国家治理体系和

　　　　治理能力现代化 …………………………… 086
- 案例六　坚持全面推进科学立法、严格执法、公正

　　　　司法、全民守法 …………………………… 092

理论法攻略 第一部分

学科特点

一、分值分布

2021 年，理论法学主观题的考试内容由《中国特色社会主义法治理论》改为《习近平法治思想》。要言之，2015~2020 年考查中国特色社会主义法治理论，2021 年以来考查习近平法治思想。

	中国特色社会主义法治理论			习近平法治思想	
年 份	2018	2019	2020	2021	2022
分 值	35	38	32	35	35

二、考情分析

（一）考查科目

理论法学主观题只考查《习近平法治思想》这一科目。尽管每年考试大纲、考试公告均指出考查科目包括"习近平法治思想、法理学、宪法、司法制度和法律职业道德"，但是，2018 年以来的真题从未考查过法理学、宪法、司法制度和法律职业道德，仅仅考查过习近平法治思想。

(二) 考查重点*

考查重点集中于习近平法治思想的重大意义和核心要义（即"十一个坚持"）。具体如下：

年 份	题 目	考 点
2022	根据以上材料，结合习近平法治思想的意义，谈谈党的十八大以来改革重整司法权力配置和运行机制的重大成果和意义。（不少于600字）	习近平法治思想的重大意义
2021	根据以上材料，结合你对习近平法治思想核心要义的理解，谈谈当前和今后在推进全面依法治国过程中要重点抓好的"十一个坚持"。（不少于600字）	习近平法治思想的核心要义
2021	根据以上材料，结合你对坚持以人民为中心的理解，谈谈如何坚持党的领导以推进全面依法治国、建设社会主义法治国家。（不少于600字）	核心要义之"坚持以人民为中心"
2020	根据以上材料，结合全面依法治国的基本原理，从国家治理体系和治理能力现代化的角度谈谈如何正确有效开展疫情防治工作。（不少于600字）	核心要义之"国家治理体系和治理能力现代化"
2019	根据以上材料，结合你对深化党和政府机构改革的认识，谈谈法治政府建设在全面依法治国中的重要意义以及新时代法治政府建设的根本遵循。（不少于600字）	核心要义之"法治政府建设"
2018	根据以上材料，结合自己的实际工作和学习，谈谈坚定不移走中国特色社会主义法治道路的核心要义。（不少于600字）	核心要义之"中国特色社会主义法治道路"
2017	请根据材料一和材料二，结合自己对中华法文化中"天理、国法、人情"的理解，谈谈在现实社会的司法、执法实践中，一些影响性裁判、处罚决定公布后，有的深获广大公众认同，取得良好社会效果，有的则与社会公众较普遍的认识有相当距离，甚至截然相反判断的原因和看法。（不少于500字）	核心要义之"坚持从中国实际出发"

---

* 虽然2021年大纲将考试科目"中国特色社会主义法治理论"改为"习近平法治思想"，但二者内容有重复，因此，2021年以前的真题也有一定价值。所以，本书将其按"习近平法治思想"进行阐述，不影响使用。

续表

年　份	题　目	考　点
2016	根据以上材料，结合依宪治国、依宪执政的总体要求，谈谈法律面前人人平等的原则对于推进严格司法的意义。（不少于400字）	核心要义之"依宪治国、依宪执政"
2015	根据以上材料，结合全面推进依法治国的总目标，从立法、执法、司法三个环节谈谈建设社会主义法治国家的意义和基本要求。（不少于400字）	核心要义之"全面推进依法治国的总目标"

（三）考查难度

理论法学主观题的考查难度适中，要言之，总是让考生在"有话可说"和"说不太多"之间挣扎。

"有话可说"，是指对于试题涉及的基本概念、基本理论、基本方法，考生基本上能够准确再现官方用书的语句表述。

"说不太多"，是指考生难以运用习近平法治思想的原理、观点和方法，对全面依法治国中的理论问题、实践问题予以分析、判断、综合、评价。

以2015年真题为例——"根据以上材料，结合全面推进依法治国的总目标，从立法、执法、司法三个环节谈谈建设社会主义法治国家的意义和基本要求。"本题所涉及的基本概念是"全面依法治国的总目标"，即"建设中国特色社会主义法治体系，建设社会主义法治国家"，基本理论是立法、执法、司法的总体要求，基本方法是结合材料所列举的现象展开论述。一般而言，考生对基本概念、基本理论均能够作出相对准确的复述。但是，如何将立法、执法、司法的总体要求融入具体工作，并立足这三个环节的要求对材料中所列举的错误现象予以分析、评价，最终将这些工作提升到建设社会主义法治国家的高度，很多同学却不甚了了。

有鉴于此，考生在训练中应当注意以下数端：

其一，既要死记硬背，更要灵活运用。论述题的特点是"有死有活，不死不活"："死"，即死记硬背、准确复述；"活"，即深入理解、灵活运用。答题之时，没有准确复述作为基础，灵活运用就会大打折扣。

其二，既要随机应变，更要套路熟练。论述题的写作无非是立论、论证、结论三个部分。针对这三个部分的具体内容，考生要紧扣题目，随机应变。但是，这三个部分的写作方法却有着始终不变的既定套路：立论的套路就是将问题中的关键词按题目指定的逻辑重新排列，形成观点；论证的套路就是将"我的认识"与"正如材料所言"有条理地结合起来；结论的套路就是把题目所说的具体问题提升到宏观、长远、整体的高度加以解决，并阐述其意义。

三、命题规律

近年来，理论法学主观题的命题规律表现为重者恒重，实践导向。

（一）重者恒重

近年来，考查重点集中于习近平法治思想的重大意义和核心要义（即"十一个坚持"），除此之外的考点少有涉及。自2015年以来，先后考查了习近平法治思想的核心要义之全面推进依法治国的总目标，依宪治国、依宪执政，坚持从中国实际出发，中国特色社会主义法治道路，法治政府建设，国家治理体系和治理能力现代化，坚持以人民为中心，习近平法治思想的重大意义等内容。

从重者恒重这一规律出发，考生应当重点掌握《习近平法治思想》中的以下基础知识：

1. 第一章"习近平法治思想的形成发展及重大意义"中的"一、三、四、五"。

"一"是指"一个地位"，即"习近平法治思想的指导地位"。

"三"是指"三大逻辑"，即"习近平法治思想形成发展的逻辑"：历史逻辑、理论逻辑、实践逻辑。

"四"是指"四大意义"，即"习近平法治思想的重大意义"：习近平法治思想是马克思主义法治理论同中国法治建设具体实际相结合、同中华优秀传统法律文化相结合的最新成果；习近平法治思想是对党领导法治建设丰富实践和宝贵经验的科学总结；习近平法治思想是在法治轨道上全面建设社会主义现代化国家的根本遵循；习近平法治思想是引领法治中国建设实现高质量发展的思想旗帜。

"五"是指"五大特色",即"习近平法治思想的鲜明特色":原创性、系统性、时代性、人民性、实践性。

2. 第二章"习近平法治思想的核心要义"中的以下内容:

(1) 党的领导是中国特色社会主义法治之魂;

(2) 以人民为中心是中国特色社会主义法治的根本立场;

(3) 中国特色社会主义法治道路是建设社会主义法治国家的唯一正确道路;

(4) 坚持依法治国首先要坚持依宪治国,坚持依法执政首先要坚持依宪执政;

(5) 如何在法治轨道上推进国家治理体系和治理能力现代化;

(6) 建设中国特色社会主义法治体系是推进全面依法治国的总目标和总抓手;

(7) 全面依法治国是一个系统工程;

(8) 如何全面推进科学立法、严格执法、公正司法、全民守法。

3. 第三章"习近平法治思想的实践要求"中的"四对关系",即正确处理政治和法治、改革和法治、依法治国和以德治国、依法治国和依规治党的关系,尤其是前三对关系。

(二) 实践导向

近年来,真题基本上要求考生就法治实践展开论述。要言之,这些实践既涉及国家层面(建设社会主义法治国家),也涉及个人层面(个人工作和学习的实际);既包括法的制定(立法),也包括法的实施(执法、司法、守法);既结合热点(疫情防控、全面依法治国的十年成就),也立足重点(法治政府建设)。

年 份	题 目	对应实践
2022	根据以上材料,结合习近平法治思想的意义,谈谈党的十八大以来改革重整司法权力配置和运行机制的重大成果和意义。(不少于600字)	司法体制改革

续表

年份	题目	对应实践
2021	根据以上材料，结合你对习近平法治思想核心要义的理解，谈谈当前和今后在推进全面依法治国过程中要重点抓好的"十一个坚持"。（不少于600字）	落实核心要义
	根据以上材料，结合你对坚持以人民为中心的理解，谈谈如何坚持党的领导以推进全面依法治国、建设社会主义法治国家。（不少于600字）	落实核心要义
2020	根据以上材料，结合全面依法治国的基本原理，从国家治理体系和治理能力现代化的角度谈谈如何正确有效开展疫情防治工作。（不少于600字）	疫情防治工作
2019	根据以上材料，结合你对深化党和政府机构改革的认识，谈谈法治政府建设在全面依法治国中的重要意义以及新时代法治政府建设的根本遵循。（不少于600字）	法治政府建设
2018	根据以上材料，结合自己的实际工作和学习，谈谈坚定不移走中国特色社会主义法治道路的核心要义。（不少于600字）	践行核心要义
2017	请根据材料一和材料二，结合自己对中华法文化中"天理、国法、人情"的理解，谈谈在现实社会的司法、执法实践中，一些影响性裁判、处罚决定公布后，有的深获广大公众认同，取得良好社会效果，有的则与社会公众较普遍的认识有相当距离，甚至截然相反判断的原因和看法。（不少于500字）	司法执法实践
2016	根据以上材料，结合依宪治国、依宪执政的总体要求，谈谈法律面前人人平等的原则对于推进严格司法的意义。（不少于400字）	推进严格司法
2015	根据以上材料，结合全面推进依法治国的总目标，从立法、执法、司法三个环节谈谈建设社会主义法治国家的意义和基本要求。（不少于400字）	立法、执法、司法

有鉴于此，考生在复习过程中，应当自觉养成以下习惯：

1. 关注党和国家重大活动、重要文件对于全面依法治国的表述。比如党的二十大报告、"一规划两纲要"(《法治中国建设规划（2020~2025年）》《法治社会建设实施纲要（2020~2025年）》《法治政府建设实施纲要（2021~2025年）》)。

2. 运用习近平法治思想为解决法治实践难题提供思路、举措。比如在习近平法治思想指导下如何解决依法治国的实践难题等。

写作套路

一、阅读技巧

论述题的第一只拦路虎，也是最大的一只拦路虎，就是阅读困难——"每一个字都认识，就是不知道这些字连起来说了个啥"。究其原因，在于论述题的材料都是政治文献，其文字凝炼、严谨、庄重，因凝炼而不免抽象，因严谨而不免费解，因庄重而不免疏离，显然不同于日常生活中口语的具体、直白、亲切。

如何破解这一困难？要言之有二：删去修饰语，提炼关键词。

（一）删去修饰语

"修饰语"是指论述题语句中常见的定语、状语、补语。在阅读时，去掉修饰语有助于迅速把握材料的段落大意。以2015年真题为例：

真题原文	精简阅读
材料一： 法律是治国之重器，法治是国家治理体系和治理能力的重要依托。全面推进依法治国，是解决党和国家事业发展面临的一系列重大问题，解放和增强社会活力、促进社会公平正义、维护社会和谐稳定、确保党和国家长治久安的根本要求。要推动我国经济社会持续健康发展，不断开拓中国特色社会主义事业更加广阔的发展前景，就必须全面推进社会主义法治国家建设，从法治上为解决这些问题提供制度化方案。（摘自习近平：《关于〈中共中央关于全面推进依法治国若干重大问题的决定〉的说明》）	法律是器，法治是依托。全面推进依法治国是根本要求。必须提供制度化方案。
材料二： 同党和国家事业发展要求相比，同人民群众期待相比，同推进国家治理体系和治理能力现代化目标相比，法治建设还存在许多不适应、不符合的问题，主要表现为：有的法律法规未能全面反映客观规律和人民意愿，针对性、可操作性不强，立法工作中部	法治建设还存在问题。

真题原文	精简阅读
化倾向、争权诿责现象较为突出；有法不依、执法不严、违法不究现象比较严重，执法体制权责脱节、多头执法、选择性执法现象仍然存在，执法司法不规范、不严格、不透明、不文明现象较为突出，群众对执法司法不公和腐败问题反映强烈。（摘自《中共中央关于全面推进依法治国若干重大问题的决定》）	同　前

精简之后可见两段材料的段落大意：以制度化方案解决法治建设的现存问题。

（二）提炼关键词

"关键词"是指论述题段落大意里不可或缺的术语或专有名词。在阅读时，提炼关键词有助于迅速明确观点、确立方向。以 2015 年真题为例：

真题原文	关键词
材料一：法律是治国之重器，法治是国家治理体系和治理能力的重要依托。全面推进依法治国，是解决党和国家事业发展面临的一系列重大问题，解放和增强社会活力、促进社会公平正义、维护社会和谐稳定、确保党和国家长治久安的根本要求。要推动我国经济社会持续健康发展，不断开拓中国特色社会主义事业更加广阔的发展前景，就必须全面推进社会主义法治国家建设，从法治上为解决这些问题提供制度化方案。（摘自习近平：《关于〈中共中央关于全面推进依法治国若干重大问题的决定〉的说明》）	制度化方案
材料二：同党和国家事业发展要求相比，同人民群众期待相比，同推进国家治理体系和治理能力现代化目标相比，法治建设还存在许多不适应、不符合的问题，主要表现为：有的法律法规未能全面反映客观规律和人民意愿，针对性、可操作性不强，立法工作中部门化倾向、争权诿责现象较为突出；有法不依、执法不严、违法不究现象比较严重，执法体制权责脱节、多头执法、选择性执法现象仍然存在，执法司法不规范、不严格、不透明、不文明现象较为突出，群众对执法司法不公和腐败问题反映强烈。（摘自《中共中央关于全面推进依法治国若干重大问题的决定》）	法治建设问题

续表

真题原文	关键词
问题：根据以上材料，结合全面推进依法治国的总目标，从立法、执法、司法三个环节谈谈建设社会主义法治国家的意义和基本要求。	总目标；三个环节

由此可见，本题要求考生结合全面推进依法治国的总目标，以制度化方案解决立法、执法、司法三个环节的现存问题。

二、设问角度

任何论述题的设问都是要求考生结合某个定义，展开相关论证（看法、对策、成果等），也就是常说的"结合A（结合定义）谈谈B（展开讨论）"。

请注意，这里的"定义"就是题目要求考生必须准确复述的基本概念、基本理论，它们是来自官方用书的确定的专门表述，如"全面依法治国的总目标""国家治理体系和治理能力现代化""习近平法治思想的重大意义"等。

审题时，要注意避免误区：常有考生从问题中整出若干义项，进而成功地把自己绕糊涂，如"结合A，谈B对C的D的……"，然后跟人说："结合A谈B嘛，我会的；结合A谈B的C，我就吃不准了；至于结合A谈B对C的D，那我真是没办法。"实际上，综观历年真题的问题，从来只有"结合定义（结合A），展开讨论（谈谈B）"，哪来这么多花里胡哨的字母呢？！

年 份	题 目	设问解析
2022	根据以上材料，结合习近平法治思想的意义，谈谈党的十八大以来改革重整司法权力配置和运行机制的重大成果和意义。（不少于600字）	结合定义：习近平法治思想的重大意义 展开讨论：司法体制改革的重大成果和意义

年 份	题 目	设问解析
2021	根据以上材料，结合你对习近平法治思想核心要义的理解，谈谈当前和今后在推进全面依法治国过程中要重点抓好的"十一个坚持"。（不少于600字）	结合定义：习近平法治思想的核心要义
		展开讨论："十一个坚持"中的重点
	根据以上材料，结合你对坚持以人民为中心的理解，谈谈如何坚持党的领导以推进全面依法治国、建设社会主义法治国家。（不少于600字）	结合定义：坚持以人民为中心
		展开讨论：在党的领导下推进全面依法治国
2020	根据以上材料，结合全面依法治国的基本原理，从国家治理体系和治理能力现代化的角度谈谈如何正确有效开展疫情防治工作。（不少于600字）	结合定义：国家治理体系和治理能力现代化
		展开讨论：疫情防治工作
2019	根据以上材料，结合你对深化党和政府机构改革的认识，谈谈法治政府建设在全面依法治国中的重要意义以及新时代法治政府建设的根本遵循。（不少于600字）	结合定义：法治政府建设的总体要求
		展开讨论：坚持习近平法治思想，深化党和政府机构改革
2018	根据以上材料，结合自己的实际工作和学习，谈谈坚定不移走中国特色社会主义法治道路的核心要义。（不少于600字）	结合定义：中国特色社会主义法治道路的核心要义
		展开讨论：如何在自己的实际工作和学习中落实上述核心要义
2017	请根据材料一和材料二，结合自己对中华法文化中"天理、国法、人情"的理解，谈谈在现实社会的司法、执法实践中，一些影响性裁判、处罚决定公布后，有的深获广大公众认同，取得良好社会效果，有的则与社会公众较普遍的认识有相当距离，甚至截然相反判断的原因和看法。（不少于500字）	结合定义：中华法文化中的"天理、国法、人情"
		展开讨论：在司法、执法实践中，坚持从中国实际出发，灵活运用"天理、国法、人情"解决实践难题

续表

年 份	题 目	设问解析
2016	根据以上材料，结合依宪治国、依宪执政的总体要求，谈谈法律面前人人平等的原则对于推进严格司法的意义。（不少于400字）	结合定义：依宪治国、依宪执政的总体要求 展开讨论：推进严格司法时如何落实法律面前人人平等的原则
2015	根据以上材料，结合全面推进依法治国的总目标，从立法、执法、司法三个环节谈谈建设社会主义法治国家的意义和基本要求。（不少于400字）	结合定义：全面推进依法治国的总目标 展开讨论：如何解决立法、执法、司法三个环节中现存的问题

三、答题思路

简而言之，论述题的答题思路就是"三段论"：是什么、为什么、怎么办。

"是什么"——你的观点是什么，你运用的概念和理论是什么。

"为什么"——分析材料，辨明正误，展开你的论证。

"怎么办"——提出对策，总结提升。

上述三点是所有议论文——答论述题就是写议论文——的基本内容，短小精悍如《韩非子》的"储说"一文，长篇大论如博士毕业论文，皆然。

内容上，"三段论"大致对应立论、论证、结论这三个部分，或者"总-分-总"这样的模型。

写作时，这一思路具体表现为"两句三段"：

立论/总	观点句	一句话阐明观点（总论点），统括全文。
	第一段（是什么）	复述题目指定的定义（基本概念、基本理论）。
论证/分	过渡句	一句话承上启下，引出分论点。
	第二段（为什么）	展开讨论，解析材料。
结论/总	第三段（怎么办）	重申观点，首尾呼应，总结提升。

（一）立论

立论包括形成观点，复述定义。这一部分是文章的关键所在，正所谓

"看人从头起",开篇就抢眼的文章往往占尽先机。

1. 形成观点

观点就是主观看法。论述题的观点就是考生从题目规定的立场或角度出发,对事物或问题所持的个人看法。

"观点句"就是表述观点的那句话。从应试角度来说,观点句必须满足以下要求:

(1) 一句就够。写观点句时,最常见的毛病是啰唆。本想着开门见山,在篇首写一句特别引人注目的话,结果却写得像"懒婆娘的裹脚布——又臭又长",活活把"表述观点的一句话"写成了"没有观点的一段话",甚至把论证、结论部分要用的话也扯进来,弄得整篇文章"头大身子小",像只小蝌蚪,还搞得下文无话可说,只能在胡编的道路上继续胡编。

(2) 统括全文。观点句是全篇文字的统率,要起到画龙点睛的作用。这方面,毛主席所著的《中国社会各阶级的分析》一文堪称表率。该文开门见山,一语中的,"谁是我们的敌人?谁是我们的朋友?这个问题是革命的首要问题。"围绕这一观点,全文对当时的中国社会进行阶级分析,分清了中国无产阶级革命的领导、同盟、朋友、敌人和动摇不定的阶级,为革命指明了工作方向。

(3) 政治正确。观点句必须做到政治正确。请看历年真题的答题要求:"①无观点或论述、照搬材料原文的不得分;②观点正确,表述完整、准确;③总字数不得少于 X 字。"由此可见,没有观点不行,有了观点但不正确也不行。

观点句怎么写?要言之,把材料和问题中的关键词挑出来组词成句。

以 2015 年真题为例,其关键词如下表所示:

	关键词
材料一	制度化方案
材料二	法治建设问题
问 题	全面推进依法治国的总目标;立法、执法、司法三个环节;社会主义法治国家

因此，观点句可以写作：

[观点句] 以制度化方案解决立法、执法、司法三个环节的现存问题，是实现全面推进依法治国的总目标，建设社会主义法治国家的关键所在。

2. 复述定义

定义就是题目要求考生必须准确复述的基本概念、基本理论，它们是来自官方用书的确定的专门表述。复述定义就是完整、准确地将基本概念、基本理论写在答案中。

历年真题都要求考生复述定义。自2015年以来的具体情形如下：

年　份	题目指定复述的定义
2022	习近平法治思想的意义
2021	习近平法治思想的核心要义
	坚持以人民为中心
2020	国家治理体系和治理能力现代化
2019	法治政府建设的总体要求
2018	中国特色社会主义法治道路的核心要义
2017	中华法文化中的"天理、国法、人情"
2016	依宪治国、依宪执政的总体要求
2015	全面推进依法治国的总目标

在这一部分，考生的复述与官方用书的遣词造句对照，如果一模一样，就得满分；如果像模像样，就得高分；如果没模没样，就得低分甚至0分。

以2015年真题为例，其问题是"根据以上材料，结合全面推进依法治国的总目标，从立法、执法、司法三个环节谈谈建设社会主义法治国家的意义和基本要求"。

请注意，问题明确要求考生"结合全面推进依法治国的总目标"展开论述。因此，立论部分可以写作：

[复述定义] 全面推进依法治国的总目标是建设中国特色社会主义法治体系，建设社会主义法治国家。具体就是，在中国共产党的领导下，坚持中国特色社会主义制度，贯彻中国特色社会主义法治理论，形成完备的法律规范

体系、高效的法治实施体系、严密的法治监督体系、有力的法治保障体系，形成完善的党内法规体系，坚持依法治国、依法执政、依法行政共同推进，坚持法治国家、法治政府、法治社会一体建设，实现科学立法、严格执法、公正司法、全民守法，促进国家治理体系和治理能力现代化。

（二）论证

论证就是展开讨论，解析材料。这一部分是文章的重点所在。在这里，考生要列出分论点，有条理地将它们展开，同时与材料中提及的现象（行为、看法、措施、意见等）相结合。其写法如下：

其一，"我的认识" + "正如材料所言"。

其二，"我的认识" + "正如材料所言"。

其三，"我的认识" + "正如材料所言"。

……

以 2015 年真题为例，其问题是"根据以上材料，结合全面推进依法治国的总目标，从立法、执法、司法三个环节谈谈建设社会主义法治国家的意义和基本要求"。

请注意，问题明确要求考生"从立法、执法、司法三个环节谈谈"，也就是说，分论点有三，分别是立法方面、执法方面、司法方面。因此，论证部分可以写作：

其一，[我的认识] 在立法环节上，要完善以宪法为核心的法律体系，加强宪法实施。建设中国特色社会主义法治体系，必须坚持立法先行，发挥立法的引领和推动作用，抓住提高立法质量这个关键，形成完备的法律规范体系。要贯彻社会主义核心价值观，使每一项立法都符合宪法精神。正如材料所言，必须针对当前立法中及时性不强等问题，建章立制，予以解决。

其二，[我的认识] 在执法环节上，要深入推进依法行政，加快建设法治政府。法律的生命力和法律的权威均在于实施。建设法治政府要求在党的领导下，创新执法体制，完善执法程序，推进综合执法，严格执法责任，建立权责统一、权威高效的依法行政体制，加快建设职能科学、权责法定、执法严明、公开公正、廉洁高效、守法诚信的法治政府。正如材料所言，必须针对当前执法中多头执法等问题，建章立制，予以解决。

其三，[我的认识]在司法环节上，要保证公正司法，提高司法公信力。要完善司法管理体制和司法权力运行机制，规范司法行为，加强监督，让人民群众在每一个司法案件中感受到公平正义。正如材料所言，必须针对当前司法中不透明等问题，建章立制，予以解决。

（三）结论

结论必须重申观点，总结提升。这一部分是文章的境界所在，它立足于前两部分，又不限于就事论事，而是把整篇文章的立意带到新高度，充分展现出考生的高站位、宽视野、大格局。

以2015年真题为例，其问题是"根据以上材料，结合全面推进依法治国的总目标，从立法、执法、司法三个环节谈谈建设社会主义法治国家的意义和基本要求"。

请注意，问题明确要求考生把立法、执法、司法三个环节的工作提升到"建设社会主义法治国家"的高度。因此，结论部分可以写作：

综上所述，只有从提供制度化方案着手，解决立法、执法、司法三个环节的现存问题，才能实现依法治国的总目标，深入推进全面依法治国、加快建设社会主义法治国家，运用制度威力应对风险挑战，最终建成富强民主文明和谐美丽的社会主义现代化强国，实现中华民族伟大复兴！

四、写作步骤

第一步：通读全文

通读全文的要领是观其大略，不要囿于细节。为此，考生要注意熟练运用阅读技巧，即删去修饰语，提炼关键词。

通读全文时，必须用好草稿纸。论述题的文字凝炼、严谨、庄重，从材料到问题往往有好几个段落，因此，考生很容易出现"看了后面忘了前面""看完问题忘了材料""看完了也不知道说了什么"的问题。有鉴于此，我们要边看边总结，看完一段材料，就在草稿纸上写个关键词或者段落大意，并标注其出处是材料还是问题。

第二步：搭建框架

搭建框架的依据是前文所述的"两句三段"。

在通读全文的基础上，将所得信息按照"两句三段"的体例拟成文章。其具体做法如下：

立论/总	观点句	[要求] 一句话阐明观点（总论点），统括全文。 [写法] 把材料和问题中的关键词挑出来组词成句。
	第一段 （是什么）	[要求] 复述题目指定的定义（基本概念、基本理论）。 [写法] 尽量写得与官方用书原文一模一样。
论证/分	过渡句	[要求] 一句话承上启下，引出分论点。 [写法] 围绕上述认识，注意以下数端：
	第二段 （为什么）	[要求] 展开讨论，解析材料。 [写法] 其一，"我的认识" + "正如材料所言"。 其二，"我的认识" + "正如材料所言"。 其三，"我的认识" + "正如材料所言"。
结论/总	第三段 （怎么办）	[要求] 重申观点，首尾呼应，总结提升。 [写法] 综上所述，重述观点+提升到国家长治久安、实现中华民族伟大复兴的高度。

第三步：修改润色

1. 消除语病

论述题的常见问题是语病，作文者不自知，阅卷人一眼见。最易现语病者，首推观点句。观点句的写法简单来说，就是把材料和问题中的关键词挑出来组词成句，但是，考生下笔之时却往往眼高手低，闹出笑话。举个例子：

请将"爷爷、校长、我、孔雀舞"这四个词组成一句话。

回答一：我给校长爷爷跳了一支孔雀舞。（没有语病）

回答二：我和校长爷爷跳了一支孔雀舞。（勉强没病）

回答三：校长给爷爷我跳了一支孔雀舞。（病得不轻）

……

上述语病，绝无穷尽。敬请诸君，下笔留心。

2. 凸显重点

把最重要的写得最显眼，这是提升阅卷体验、斩获高分的不二法门。

循此法门，我们必须在篇首开门见山，在段首写明主旨。具体而言，开篇第一句独句成段，阐明观点，令阅卷人眼前一亮；每一段的重点内容写在本段的第一句，其后的文字都围绕它展开。

就此而言，常见的问题是把重点深深隐藏在段尾或夹杂于段落之中，似乎在跟阅卷人"捉迷藏"，考验他们在有限的时间里——一般是 20 秒——看完并了解文章的能力和水平。如果把凸显重点的写法称为"开门见山"，那么，这种埋藏重点的写法可以称为"名落孙山"。

写作标准

一、整体：凤头、猪肚、豹尾

好文章的标准是"凤头、猪肚、豹尾"。这是老祖宗作文的智慧结晶，出自元代陶宗仪的《南村辍耕录》："乔吉博学多能，以乐府称，尝云：'作乐府亦有法，曰凤头、猪肚、豹尾六字是也。'大致起要美丽，中要浩荡，结要响亮。尤贵在首尾贯穿，意思清新。苟能若是，斯可以言乐府矣。"

写论述题，以观点句起头，独句成段，抢眼夺目，如同凤头一样精美绝伦；以过渡句引出文章主体，以"我的认识"结合材料，言之有物，条分缕析，如同猪肚一样充实丰满；到结尾处，立足前文，首尾呼应，转致高远，宕开警策，如同豹尾一样灵动雄劲。

二、细节：准确、完整、通顺

以 2015 年真题为例，该题要求考生复述"全面推进依法治国的总目标"。

根据 2015 年官方用书，全面推进依法治国的总目标是建设中国特色社会主义法治体系，建设社会主义法治国家。具体就是，在中国共产党的领导下，坚持中国特色社会主义制度，贯彻中国特色社会主义法治理论，形成完备的法律规范体系、高效的法治实施体系、严密的法治监督体系、有力的法治保障体系，形成完善的党内法规体系，坚持依法治国、依法执政、依法行政共同推进，坚持法治国家、法治政府、法治社会一体建设，实现科学立法、严格执法、公正司法、全民守法，促进国家治理体系和治理能力现代化。

上述内容共 6 分，采分点分布如下：

原　　文	性　质	分　值
全面推进依法治国的总目标是建设中国特色社会主义法治体系，建设社会主义法治国家	目标界定	1分
具体就是，在中国共产党的领导下，坚持中国特色社会主义制度，贯彻中国特色社会主义法治理论	三个要义	1分
形成完备的法律规范体系、高效的法治实施体系、严密的法治监督体系、有力的法治保障体系，形成完善的党内法规体系	五大体系	1分
坚持依法治国、依法执政、依法行政共同推进，坚持法治国家、法治政府、法治社会一体建设	工作布局	1分
实现科学立法、严格执法、公正司法、全民守法	四个环节	1分
促进国家治理体系和治理能力现代化	历史任务	1分

在这里，准确、完整、通顺地复述所有文字，自然得满分，缺哪里的文字就扣掉对应的分值。

按照2018年以来35分的总分，论述题的分值分配大致如下：

	观点句	≤3分
	第一段（是什么）	≤7分
两句三段	过渡句	不计分
	第二段（为什么）	≤18分
	第三段（怎么办）	≤5分
不少于600字		≤2分，其中字数1分，通顺程度1分

重要提示，常听人说论述题写了就有分，这话对么？当然对。至不济，凑够600字且不抄材料、政治正确的话，就能得2分；能勉强挑出关键词来组词成句的，至少能再得1分；如果能就题目指定的定义写上几句，一旦沾边了，保不齐就能再拿2~3分；如果还能在展开讨论时写个"其一、其二、其三"，就算写得没条理，也能显得有条理，至少能再得6~7分；在文章的结

尾，把提前准备好的语句用上，把作文的境界提升到全面依法治国，确保党和国家长治久安，实现中华民族伟大复兴的高度，至多能再得5分。如此一来，一道35分的论述题，作文得分已过半数！

案例带写

材料一： 中国共产党人深刻认识到，只有把马克思主义基本原理同中国具体实际相结合、同中华优秀传统文化相结合，坚持运用辩证唯物主义和历史唯物主义，才能正确回答时代和实践提出的重大问题，才能始终保持马克思主义的蓬勃生机和旺盛活力。

坚持和发展马克思主义，必须同中国具体实际相结合。我们坚持以马克思主义为指导，是要运用其科学的世界观和方法论解决中国的问题，而不是要背诵和重复其具体结论和词句，更不能把马克思主义当成一成不变的教条。我们必须坚持解放思想、实事求是、与时俱进、求真务实，一切从实际出发，着眼解决新时代改革开放和社会主义现代化建设的实际问题，不断回答中国之问、世界之问、人民之问、时代之问，作出符合中国实际和时代要求的正确回答，得出符合客观规律的科学认识，形成与时俱进的理论成果，更好指导中国实践。

坚持和发展马克思主义，必须同中华优秀传统文化相结合。只有植根本国、本民族历史文化沃土，马克思主义真理之树才能根深叶茂。中华优秀传统文化源远流长、博大精深，是中华文明的智慧结晶，其中蕴含的天下为公、民为邦本、为政以德、革故鼎新、任人唯贤、天人合一、自强不息、厚德载物、讲信修睦、亲仁善邻等，是中国人民在长期生产生活中积累的宇宙观、天下观、社会观、道德观的重要体现，同科学社会主义价值观主张具有高度契合性。（摘自《在中国共产党第二十次全国代表大会上的报告》）

材料二： 法律和道德都具有规范社会行为、调节社会关系、维护社会秩序的作用，在国家治理中都有其地位和功能。法安天下，德润人心。法律有效实施有赖于道德支持，道德践行也离不开法律约束。法治和德治不可分离、不可偏废，国家治理需要法律和道德协同发力。改革开放以来，我们深刻总结我国社会主义法治建设的成功经验和深刻教训，把依法治国确定为党领导人民治理国家的基本方略,把依法执政确定为党治国理政的基本方式,走出了一条中国特色社会主义法治道路。这条道路的一个鲜明特点,就是坚持依法治国和以德治国相结合,强调法治和德治两手抓、两手都要硬。(摘自中央政治局第三十七次学习会议上的讲话《我国历史上的法治和德治》)

问题:根据以上材料,结合你对"中国式现代化"内涵的理解,谈谈"马克思主义基本原理同中国具体实际相结合、同中华优秀传统文化相结合"对于正确处理法治与德治辩证关系的意义。

答题要求:

1. 无观点或论述、照搬材料原文的不得分;
2. 观点正确,表述完整、准确;
3. 总字数不得少于600字。

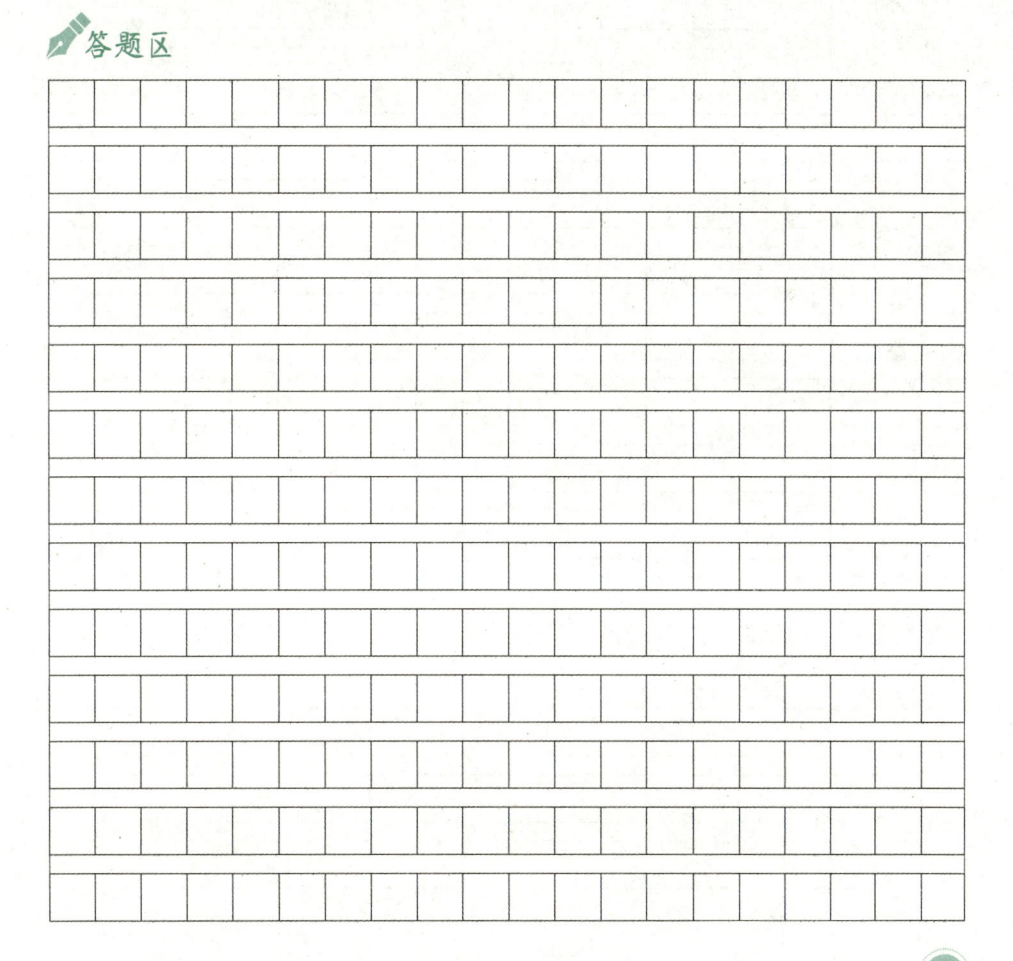

答题区

总	立 论	观点句 一句话 统括全文	将马克思主义基本原理同中国具体实际相结合、同中华优秀传统文化相结合，这是正确处理法治与德治辩证关系，实现中国式现代化的关键所在。
		第一段 "是什么" 复述定义	中国式现代化，是中国共产党领导的社会主义现代化，既有各国现代化的共同特征，更有基于自己国情的中国特色。中国式现代化是人口规模巨大的现代化，是全体人民共同富裕的现代化，是物质文明和精神文明相协调的现代化，是人与自然和谐共生的现代化，是走和平发展道路的现代化。正确处理法治与德治辩证关系，在法治轨道上推进中国式现代化集中体现了"两个结合"的要求。
分	论 证	过渡句 承上启下	围绕"两个结合"，正确处理依法治国与以德治国的辩证关系，包括以下数端：
		第二段 "为什么" 展开讨论 解析材料	1.[我的认识]坚持二者相结合。法律是成文的道德，道德是内心的法律。中国特色社会主义法治道路的一个鲜明特点就是坚持依法治国与以德治国相结合。当前，既要重视发挥法律的规范作用，又要重视发挥道德的教化作用，这是历史经验的总结，也是对治国理政规律的深刻把握。正如材料所言，法治和德治不可分离、不可偏废，国家治理需要法律和道德协同发力，这一认识既是中华优秀传统文化的精华，也是中国具体实际的要求。由此可见，法治与德治相结合是"两个结合"的智慧结晶。 2.[我的认识]以法治促进德治。要发挥好法律的规范作用，必须以法治体现道德理念，强化法治对道德建设的促进作用，在立法、执法、司法、守法等各个环节树立鲜明道德导向，把实践中被广泛认同、较为成熟、操作性强的道德要求及时上升为法律规范。正如材料所言，传统中国法律文化浸润着中国人民的道德观，当下实践中，道德践行离不开法律约束。由此可见，以法治促进德治是"两个结合"的鲜明体现。 3.[我的认识]强化道德对法治的支撑作用。要在道德体系中体现法治要求，发挥道德对法治的滋养作用。要在道德教育中突出法治内涵，注重培育人们的法律信仰、

续表

分	论 证	第二段 "为什么" 展开讨论 解析材料	法治观念、规则意识，营造全社会都讲法治、守法治的文化环境。正如材料所言，当下的中国实际、时代要求和客观规律决定了法律实施有赖于道德支持，以道德支撑法治也是中华优秀传统文化的智慧结晶。由此可见，强化道德对法治的支撑是对"两个结合"的成功运用。
总	结 论	第三段 "怎么办" 重申观点 首尾呼应 总结提升	综上所述，将马克思主义基本原理同中国具体实际相结合、同中华优秀传统文化相结合，对于我们正确处理法治与德治辩证关系，实现中国式现代化有着不可忽视的价值和意义。作为马克思主义法治理论的最新成果，习近平法治思想运用"两个结合"，指明了全面依法治国和中国式现代化的方向，沿着这一方向行稳致远，我们终将建成富强民主文明和谐美丽的社会主义现代化强国，实现中华民族伟大复兴！

真题集萃 第二部分

2022年法考主观题回忆版

材料一： 2020年11月，中央全面依法治国工作会议确立习近平法治思想在全面依法治国中的指导地位，这在党和国家法治建设史上、马克思主义法治理论发展史上都具有重大意义。2021年12月，习近平总书记主持中央政治局第三十五次集体学习时发表重要讲话，强调坚定不移走中国特色社会主义法治道路，更好推进中国特色社会主义法治体系建设。习近平总书记重要讲话是习近平法治思想新的经典篇章，体现了以习近平同志为核心的党中央对全面依法治国的高度重视和厉行法治、奉法强国的坚定意志，为更好推进中国特色社会主义法治体系建设提供了强大思想武器。党的十八大以来，习近平法治思想领航法治中国阔步向前，我国社会主义法治建设发生历史性变革、取得历史性成就。在引领"中国之治"不断谱写新篇章的壮阔进程中，习近平法治思想这一马克思主义法治理论中国化最新成果展现出强大真理力量和磅礴实践伟力。

材料二： 党的十八届四中全会指出，全面推进依法治国，总目标是建设中国特色社会主义法治体系，建设社会主义法治国家。《中共中央关于党的百年奋斗重大成就和历史经验的决议》指出，党的十八届四中全会和中央全面依法治国工作会议专题研究全面依法治国问题，就科学立法、严格执法、公正司法、全民守法作出顶层设计和重大部署，统筹推进法律规范体系、法治实施体系、法治监督体系、法治保障体系和党内法规体系建设。法律的生命力在于实施，法律的权威也在于实施。法治实施体系既是中国特色社会主义法治体系的组成部分，也是建设中国特色社会主义法治体系的重要保障。人民法院作为国家审判机关，是保证法律有效实施的重要力量。必须始终真学、真信、笃行习近平法治思想，牢牢抓住法治体系建设这个总抓手，围绕坚持依法治国、依法执政、依法行政共同推进，坚持法治国家、法治政府、法治社会一体建设，充分发挥审判职能作用，为中国特色社会主义法治体系建设提供有力司法服务。

材料三：习近平总书记指出："要围绕让人民群众在每一项法律制度、每一个执法决定、每一宗司法案件中都感受到公平正义这个目标，深化司法体制综合配套改革，加快建设公正、高效、权威的社会主义司法制度。"更好推进中国特色社会主义法治体系建设，离不开立法、执法、司法机关自身的改革创新和队伍建设。人民法院必须通过深化司法体制改革、加快智慧法院建设、锻造过硬法院队伍，促进审判体系和审判能力现代化，更好提升服务中国特色社会主义法治体系建设的效能。坚持原则、把握底线，坚持守正与创新相统一，扭住影响公平正义实现的关键环节持续发力，努力在形成更加系统完备、成熟定型的审判制度规则体系上取得更大成效，在推动现代科技从工具性运用向更深层次规则治理和制度构建上取得更大成效，加快建设公正、高效、权威的社会主义司法制度。全面落实司法责任制，深化司法体制综合配套改革，加快构建系统完备、规范高效的司法制约监督体系，加快构建权责清晰、权责统一、监管有效、保障有力的司法责任体系。

问题：根据以上材料，结合习近平法治思想的意义，谈谈党的十八大以来改革重整司法权力配置和运行机制的重大成果和意义。

答题要求：

1. 无观点或论述、照搬材料原文的不得分；

2. 观点正确，表述完整、准确；

3. 总字数不得少于600字。

答题区

600字

> **范文**

正确把握习近平法治思想的重大意义是当前改革重整司法权力配置和运行机制的关键所在。

习近平法治思想在推进全面依法治国的工作中居于指导地位，其重大意义有四：①习近平法治思想是马克思主义法治理论同中国法治建设具体实际相结合、同中华优秀传统法律文化相结合的最新成果；②习近平法治思想是对党领导法治建设丰富实践和宝贵经验的科学总结；③习近平法治思想是在法治轨道上全面建设社会主义现代化国家的根本遵循；④习近平法治思想是引领法治中国建设实现高质量发展的思想旗帜。

在习近平法治思想的指导下，司法体制改革取得了一系列重大成果：

其一，在司法创新和队伍建设上。党的十八大以来，各级司法机关紧紧围绕"努力让人民群众在每一个司法案件中都感受到公平正义"这个要求和目标改进工作，抓住影响司法公正、制约司法能力的深层次问题，深化司法改革。正如材料所言，人民法院通过深化司法体制改革、加快智慧法院建设等一系列措施，更好提升服务中国特色社会主义法治体系建设的效能。

其二，在社会主义司法制度建设上。党的十八大以来，司法机关加快建设公正、高效、权威的社会主义司法制度，健全公安机关、检察机关、审判机关、司法行政机关各司其职，侦查权、检察权、审判权、执行权相互配合、相互制约的体制机制。正如材料所言，人民法院扭住关键环节持续发力，推动审判制度规则体系更加系统完备、成熟定型。

其三，在司法责任体系建设上。党的十八大以来，人民法院在习近平法治思想的指导下，牢牢抓住法治体系建设这个总抓手，完善司法管理体制和司法权力运行机制，规范司法行为，加强对司法活动的监督。正如材料所言，司法机关全面落实司法责任制，加快构建司法制约监督体系和司法责任体系。

综上所述，当前改革重整司法权力配置和运行机制离不开习近平法治思想的指导，这也是建设中国特色社会主义法治体系，建设社会主义法治国家的关键所在。唯有始终真学、真信、笃行习近平法治思想，才能为实现全面依法治国的总目标提供有力司法服务，实现党和国家长治久安，从而最终建成富强民主文明和谐美丽的社会主义现代化强国，实现中华民族伟大复兴！

2021年法考主观题回忆版

材料一： 推进全面依法治国是国家治理的一场深刻变革，必须以科学理论为指导，加强理论思维，从理论上回答为什么要全面依法治国、怎样全面依法治国这个重大时代课题，不断从理论和实践的结合上取得新成果，总结好、运用好党关于新时代加强法治建设的思想理论成果，更好指导全面依法治国各项工作。（摘自习近平：《在中央全面依法治国工作会议上的讲话》）

材料二： 党的十八大以来，我们提出一系列全面依法治国新理念新思想新战略，明确了全面依法治国的指导思想、发展道路、工作布局、重点任务，这些新理念新思想新战略，是马克思主义法治思想中国化的最新成果，是全面依法治国的根本遵循，必须长期坚持、不断丰富发展。（摘自习近平：《在中央全面依法治国委员会第一次会议上的讲话》）

材料三： 立足我国国情和实际，加强对社会主义法治建设的理论研究，尽快构建体现我国社会主义性质，具有鲜明中国特色、实践特色、时代特色的法治理论体系和话语体系。坚持和发展我国法律制度建设的显著优势，深入研究和总结我国法律制度体系建设的成功经验，推进中国特色社会主义法治体系创新发展。（摘自《法治中国建设规划（2020~2025年）》）

问题： 根据以上材料，结合你对习近平法治思想核心要义的理解，谈谈当前和今后在推进全面依法治国过程中要重点抓好的"十一个坚持"。

答题要求：

1. 无观点或论述、照搬材料原文的不得分；

2. 观点正确，表述完整、准确；

3. 总字数不得少于600字。

答题区

范文

坚持建设中国特色社会主义法治体系是在推进全面依法治国过程中贯彻落实习近平法治思想核心要义的重点所在。

习近平法治思想的核心要义可以概括为"十一个坚持"，包括：①坚持党对全面依法治国的领导；②坚持以人民为中心；③坚持中国特色社会主义法治道路；④坚持依宪治国、依宪执政；⑤坚持在法治轨道上推进国家治理体系和治理能力现代化；⑥坚持建设中国特色社会主义法治体系；⑦坚持依法治国、依法执政、依法行政共同推进，法治国家、法治政府、法治社会一体建设；⑧坚持全面推进科学立法、严格执法、公正司法、全民守法；⑨坚持统筹推进国内法治和涉外法治；⑩坚持建设德才兼备的高素质法治工作队伍；⑪坚持抓住领导干部这个"关键少数"。

当前和今后要重点抓好"十一个坚持"，必须推进中国特色社会主义法治体系创新发展。就此而言，我们必须认识到：

其一，建设中国特色社会主义法治体系是推进全面依法治国的总目标和总抓手，是党提出的具有原创性、时代性的概念和理论。全面推进依法治国涉及立法、执法、司法、普法、守法各个环节、各个方面，必须有一个总揽全局、牵引各方的总抓手，这个总抓手就是建设中国特色社会主义法治体系。正如材料所言，要立足我国国情和实际，加强对社会主义法治建设的理论研究。建设中国特色社会主义法治体系就是这一论断的最佳成果。

其二，中国特色社会主义法治体系是国家治理体系的骨干工程。建设中国特色社会主义法治体系，就是在中国共产党的领导下，坚持中国特色社会主义制度，贯彻中国特色社会主义法治理论，形成完备的法律规范体系、高效的法治实施体系、严密的法治监督体系、有力的法治保障体系，形成完善的党内法规体系。正如材料所言，推进全面依法治国是国家治理的一场深刻变革，我们必须不断从理论和实践的结合上取得新成果。建设中国特色社会主义法治体系则是这一认识的集中体现。

综上所述，在推进全面依法治国过程中贯彻落实习近平法治思想的核心要义，就必须重点推进中国特色社会主义法治体系的创新发展。习近平法治思想在全面依法治国工作中居于指导地位，唯有遵循这一指导思想，坚持建设中国特色社会主义法治体系，才能加快建设社会主义法治国家，实现党和国家长治久安，从而最终建成富强民主文明和谐美丽的社会主义现代化强国，实现中华民族伟大复兴！

2021年法考主观题回忆版（延考卷）

材料一： 习近平总书记指出：一切国家机关工作人员，无论身居多高的职位，都必须牢记我们的共和国是中华人民共和国，始终要把人民放在心中最高的位置，始终全心全意为人民服务，始终为人民利益和幸福而努力工作。我们党的宏伟奋斗目标，离开了人民支持就绝对无法实现。我们党的执政水平和执政成效都不是由自己说了算，必须而且只能由人民来评判。人民是我们党的工作的最高裁决者和最终评判者。

材料二： 全面依法治国最广泛、最深厚的基础是人民，必须坚持为了人民、依靠人民。要把体现人民利益、反映人民愿望、维护人民权益、增进人民福祉落实到全面依法治国各领域全过程，保证人民在党的领导下通过各种途径和形式依法管理国家事务、管理经济和文化事业、管理社会事务，保证人民依法享有广泛的权利和自由、承担应尽的义务。

材料三： 推进全面依法治国，根本目的是依法保障人民权益。随着我国经济社会持续发展和人民生活水平不断提高，人民群众对民主、法治、公平、正义、安全、环境等方面的要求日益增长，要积极回应人民群众新要求新期待，坚持问题导向、目标导向，树立辩证思维和全局观念，系统研究谋划和解决法治领域人民群众反映强烈的突出问题，不断增强人民群众获得感、幸福感、安全感，用法治保障人民安居乐业。

问题： 根据以上材料，结合你对坚持以人民为中心的理解，谈谈新时代全面依法治国根本立场的实现途径及其重大意义。

答题要求：

1. 无观点或论述、照搬材料原文的不得分；
2. 观点正确，表述完整、准确；
3. 总字数不得少于600字。

答题区

600字

> **范文**

　　始终坚持人民主体地位，牢牢把握法治价值追求，依法保障人民权益是实现新时代全面依法治国"以人民为中心"这一根本立场的必由之路。

　　坚持以人民为中心是中国特色社会主义法治的根本立场。其内涵如下：①人民群众是中国共产党的力量源泉，人民立场是中国共产党的根本政治立场。以人民为中心是新时代坚持和发展中国特色社会主义的根本立场，是中国特色社会主义法治的本质要求。坚持以人民为中心，深刻回答了推进全面依法治国、建设社会主义法治国家为了谁、依靠谁的问题。②始终坚持以人民为中心是我国国家制度和国家治理体系的本质属性，也是国家制度和国家治理体系有效运行、充满活力的根本所在。③中国特色社会主义制度要求必须保证人民当家作主的主体地位和人民在全面推进依法治国中的主体地位，这是我们的制度优势和中国特色社会主义法治区别于资本主义法治的根本所在。

　　要言之，这一根本立场的实现途径包括以下数端：

　　其一，坚持人民主体地位。坚持人民主体地位，必须把以人民为中心的发展思想融入全面依法治国的伟大实践中，既要保证人民在党的领导下依照法律规定通过各种途径和形式管理国家事务、社会事务，又要保证人民依法享有广泛的权利和自由、承担应尽的义务。要用法治保障人民当家作主，坚持和完善基本政治制度，建立健全民主制度，不断发展全过程人民民主。正如材料所言，全面依法治国最广泛、最深厚的基础是人民，全面依法治国必须坚持为了人民、依靠人民的根本立场。

　　其二，牢牢把握社会公平正义的法治价值追求。坚持以人民为中心，维护社会公平正义，必须坚持法律面前人人平等。必须将坚持法律面前人人平等体现在立法、执法、司法、守法各个方面。要加快完善体现权利公平、机会公平、规则公平的法律制度，确保法律面前人人平等。正如材料所言，全面依法治国要满足人民群众对民主、法治、公平、正义、安全、环境等方面的要求。

　　其三，依法保障人民权益。推进全面依法治国，必须切实保障公民各方面的法定权利得到落实。应加大关系群众切身利益的重点领域的执法、司法力度，着力解决人民群众最关切的公共安全、权益保障、公平正义问题，努力维护最广大人民的根本利益，保障人民群众对美好生活的向往和追求。正如材料所言，人民是我们党的工作的最高裁决者和最终评判者，要始终为人民利益和幸福而努力工作。

综上所述，新时代推进全面依法治国的根本立场是坚持以人民为中心，其实现途径应当始终坚持人民主体地位，牢牢把握法治价值追求，依法保障人民权益。我们必须在习近平法治思想的指导下，始终坚持人民立场，方能实现党和国家长治久安，从而最终建成富强民主文明和谐美丽的社会主义现代化强国，实现中华民族伟大复兴！

2020年法考主观题回忆版

材料一：法律是治国之重器，法治是国家治理体系和治理能力的重要依托。全面推进依法治国，是解决党和国家事业发展面临的一系列重大问题，解放和增强社会活力、促进社会公平正义、维护社会和谐稳定、确保党和国家长治久安的根本要求。要推动我国经济社会持续健康发展，不断开拓中国特色社会主义事业更加广阔的发展前景，就必须全面推进社会主义法治国家建设，从法治上为解决这些问题提供制度化方案。（摘自习近平：《关于〈中共中央关于全面推进依法治国若干重大问题的决定〉的说明》）

材料二：全面依法治国是国家治理的一场深刻革命，必须坚持厉行法治，推进科学立法、严格执法、公正司法、全民守法。成立中央全面依法治国领导小组，加强对法治中国建设的统一领导。（摘自习近平：《决胜全面建成小康社会　夺取新时代中国特色社会主义伟大胜利——在中国共产党第十九次全国代表大会上的报告》）

材料三：新华社北京2020年2月5日电：中共中央总书记、国家主席、中央军委主席、中央全面依法治国委员会主任习近平2月5日下午主持召开中央全面依法治国委员会第三次会议并发表重要讲话。他强调，要在党中央集中统一领导下，始终把人民群众生命安全和身体健康放在第一位，从立法、执法、司法、守法各环节发力，全面提高依法防控、依法治理能力，为疫情防控工作提供有力法治保障。

习近平在讲话中强调，当前，疫情防控正处于关键时期，依法科学有序防控至关重要。疫情防控越是到最吃劲的时候，越要坚持依法防控，在法治轨道上统筹推进各项防控工作，保障疫情防控工作顺利开展。

问题：结合全面依法治国的基本原理，从国家治理体系和治理能力现代化的角度谈谈如何正确有效开展疫情防治工作。

答题要求：

1. 无观点或论述、照搬材料原文的不得分；

2. 观点正确，表达完整、准确；

3. 总字数不少于600字。

答题区

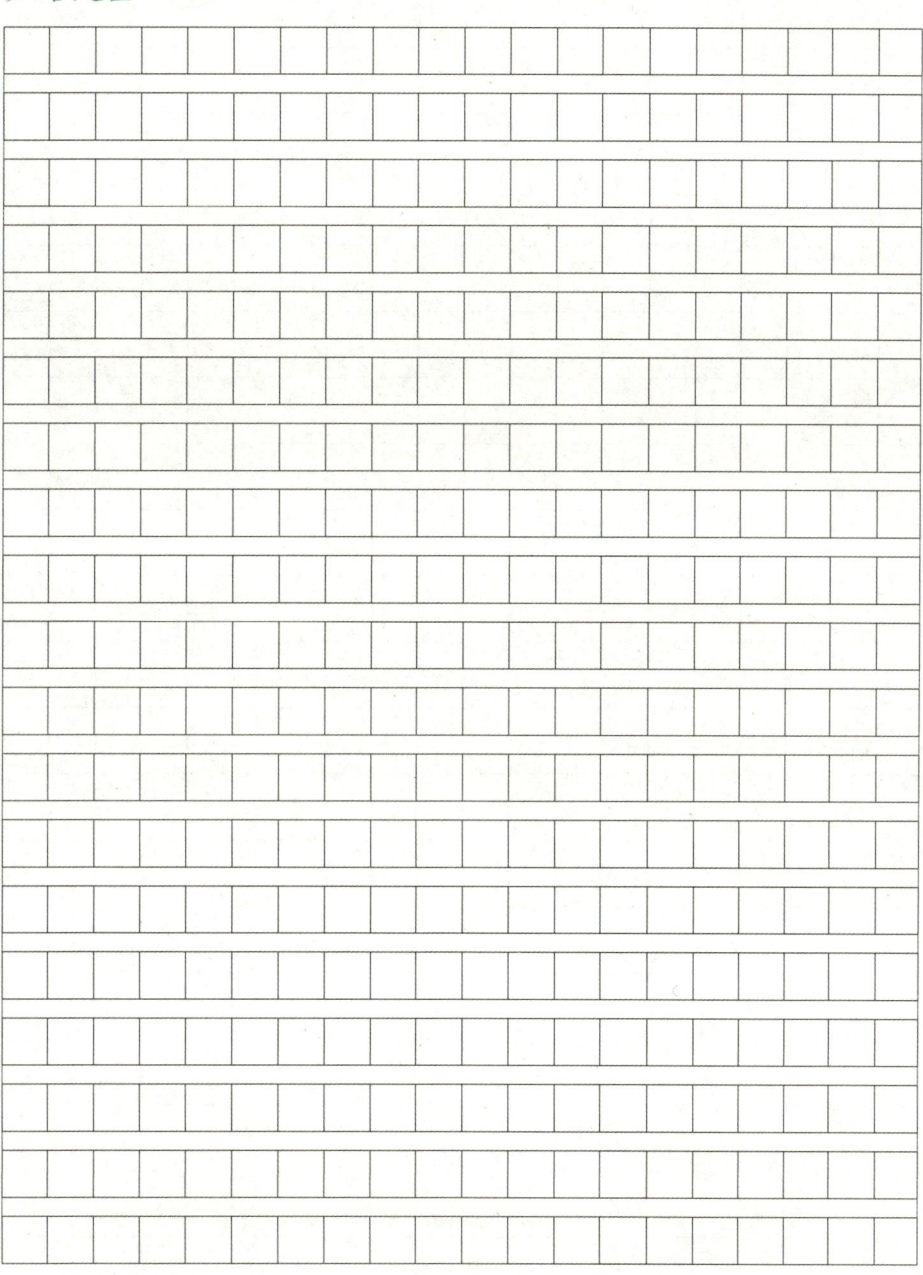

600 字

> **范文**

在中央的统一领导下以制度化方案推进立法、执法、司法、守法等各项工作，是正确有效防治疫情工作，实现国家治理体系和治理能力现代化的关键所在。

在法治轨道上推进国家治理体系和治理能力现代化是习近平法治思想的核心要义之一。要言之，国家治理体系是党和国家管理国家事务的制度体系，包括经济、政治、文化、社会、军事和党的建设等各领域的体制机制、法律法规和制度安排，是一整套紧密相连、相互协调的国家制度。国家治理能力是运用国家制度管理社会事务的能力，包括改革发展稳定、内政外交国防、治党治国治军等多方面内容。国家治理能力的强弱，直接关系到运用国家制度管理社会各方面事务，特别是应对各种突发重大事件的效果。

当前，正确有效防治疫情必须做到以下数端：

其一，必须以制度化方案解决疫情防治的难题。当前，必须加强疫情防控的重点领域立法，完善相关法律规范体系；依法全面履行政府职能，依法实施疫情防控处理措施；依法从重从快办理危害疫情防控的违法犯罪案件，维护社会大局稳定；依法化解疫情期间矛盾纠纷，推动全社会树立疫情防控法治意识。正如材料所言，法律是治国之重器，我们要从法治上为解决疫情防治问题提供制度化方案。

其二，必须加强中央对疫情防治工作的集中统一领导。党的领导是中国特色社会主义法治之魂，在法治轨道上推进国家治理体系和治理能力现代化离不开党的领导。中国共产党是中国特色社会主义事业的坚强领导核心，是最高政治领导力量，各个领域、各个方面都必须坚定自觉地坚持党的领导，疫情防治工作也不例外。正如材料所言，要在党中央集中统一领导下，为疫情防控工作提供有力法治保障。

其三，必须统筹各环节全面防治疫情。在法治轨道上正确有效防治疫情必须坚持全面推进科学立法、严格执法、公正司法、全民守法，必须从疫情防治工作实际出发，切实把握好立法、执法、司法、守法各环节的工作规律，统筹推进各项工作，实现国家治理体系和治理能力现代化。正如材料所言，疫情防控越是到最吃劲的时候，越要在法治轨道上统筹推进各项防控工作。

综上所述，正确有效防治疫情离不开党中央的统一领导，离不开制度化解决方案，离不开立法、执法、司法、守法等各项工作的统筹推进。当前，打赢疫情防控攻坚战是贯彻落实习近平法治思想的现实所需，更是实现国家治理体系和治理能力现代化的关键所在。只有把习近平法治思想贯彻到全面依法治国的全过程和各方面，才能实现党和国家长治久安，最终建成富强民主文明和谐美丽的社会主义现代化强国，实现中华民族伟大复兴！

2019 年法考主观题回忆版

材料一： 全面依法治国是一个系统工程，必须统筹兼顾、把握重点、整体谋划，更加注重系统性、整体性、协同性。依法治国、依法执政、依法行政是一个有机整体，关键在于党要坚持依法执政、各级政府要坚持依法行政。法治国家、法治政府、法治社会三者各有侧重、相辅相成，法治国家是法治建设的目标，法治政府是建设法治国家的主体，法治社会是构筑法治国家的基础。要善于运用制度和法律治理国家，提高党科学执政、民主执政、依法执政水平。（摘自习近平：《加强党对全面依法治国的领导》）

材料二： 依法治国是我国宪法确定的治理国家的基本方略，而能不能做到依法治国，关键在于党能不能坚持依法执政，各级政府能不能依法行政。我们要增强依法执政意识，坚持以法治的理念、法治的体制、法治的程序开展工作，改进党的领导方式和执政方式，推进依法执政制度化、规范化、程序化。执法是行政机关履行政府职能、管理经济社会事务的主要方式，各级政府必须依法全面履行职能，坚持法定职责必须为、法无授权不可为，健全依法决策机制，完善执法程序，严格执法责任，做到严格规范公正文明执法。（摘自习近平：《加快建设社会主义法治国家》）

材料三： 深化党和国家机构改革，目标是构建系统完备、科学规范、运行高效的党和国家机构职能体系，形成总揽全局、协调各方的党的领导体系，职责明确、依法行政的政府治理体系……全面提高国家治理能力和治理水平。（摘自 2018 年 2 月 28 日中国共产党第十九届中央委员会第三次全体会议通过的《中共中央关于深化党和国家机构改革的决定》）

问题： 根据以上材料，结合你对深化党和政府机构改革的认识，谈谈法治政府建设在全面依法治国中的重要意义以及新时代法治政府建设的根本遵循。

答题要求：

1. 无观点或论述、照搬材料原文的不得分；

2. 观点正确，表述完整、准确；

3. 总字数不少于600字。

答题区

范文

在党的集中统一领导下坚持依法治国、依法执政、依法行政共同推进，深化党和政府机构改革，这是新时代法治政府建设的根本遵循。

新时代法治政府建设的总体要求是建设法治政府，推进依法行政，严格规范公正文明执法。各级政府必须坚持在党的领导下、在法治轨道上开展工作，创新执法体制，完善执法程序，推进综合执法，严格执法责任，建立权责统一、权威高效的依法行政体制，加快建设职能科学、权责法定、执法严明、公开公正、廉洁高效、守法诚信的法治政府。

围绕这一总体要求，新时代法治政府建设必须遵循以下数端：

其一，坚持在党的领导下系统谋划、整体推进法治政府建设。全面依法治国涉及改革发展稳定、内政外交国防、治党治国治军等各个领域，必须立足全局和长远来统筹谋划。要坚持系统观念，准确把握全面依法治国工作布局。正如材料所言，依法治国、依法执政、依法行政是一个有机整体，关键在于坚持党的集中统一领导，推进依法执政、依法行政。

其二，坚持依法全面履行政府职能。必须完善行政组织和行政程序法律制度，推进机构、职能、权限、程序、责任法定化。行政机关要勇于负责、敢于担当，坚决纠正不作为、乱作为，坚决克服懒政、怠政，坚决惩处失职、渎职。行政机关不得法外设定权力，没有法律法规依据不得作出减损公民、法人和其他组织合法权益或者增加其义务的决定。推行政府权力清单制度，坚决消除权力设租寻租空间。正如材料所言，各级政府必须坚持法定职责必须为、法无授权不可为，既不能不作为，也不能乱作为。

其三，深化行政执法体制改革。根据不同层级政府的事权和职能，按照减少层次、整合队伍、提高效率的原则，合理配置执法力量。正如材料所言，深化党和国家机构改革的目标是通过党和国家机构职能体系的构建，全面提高国家治理能力和治理水平。

　　综上所述，推进新时代法治政府建设必须深化党和国家机构改革，必须以坚持党的集中统一领导，坚持依法治国、依法执政、依法行政共同推进为根本遵循。新时代法治政府建设是推进全面依法治国不可或缺的重要内容，各级政府在党的领导下、在法治轨道上开展工作，才能实现党和国家长治久安，最终建成富强民主文明和谐美丽的社会主义现代化强国，实现中华民族伟大复兴！

2018年法考主观题回忆版

材料一： 改革和法治如鸟之两翼、车之两轮。我们要坚持走中国特色社会主义法治道路，加快构建中国特色社会主义法治体系，建设社会主义法治国家。全面依法治国，核心是坚持党的领导、人民当家作主、依法治国有机统一，关键在于坚持党领导立法、保证执法、支持司法、带头守法。要在全社会牢固树立宪法法律权威，弘扬宪法精神，任何组织和个人都必须在宪法法律范围内活动，都不得有超越宪法法律的特权。（摘自习近平：《在庆祝中国共产党成立95周年大会上的讲话》）

材料二： 全面推进依法治国这件大事能不能办好，最关键的是方向是不是正确、政治保证是不是坚强有力，具体讲就是要坚持党的领导，坚持中国特色社会主义制度，贯彻中国特色社会主义法治理论。（摘自习近平：《关于〈中共中央关于全面推进依法治国若干重大问题的决定〉的说明》）

问题： 根据以上材料，结合自己的实际工作和学习，谈谈坚定不移走中国特色社会主义法治道路的核心要义。

答题要求：

1. 无观点或论述、照搬材料原文的不得分；
2. 观点正确，表述完整、准确；
3. 总字数不少于600字。

答题区

> **范文**

将中国特色社会主义法治道路的核心要义贯彻到每一个公民的实际工作和学习之中，这是坚定不移走中国特色社会主义法治道路的第一要义。

中国特色社会主义法治道路的核心要义有三：①坚持党的领导。党的领导是中国特色社会主义最本质的特征，是社会主义法治最根本的保证。②坚持中国特色社会主义制度。中国特色社会主义制度是中国特色社会主义法治体系的根本制度基础，是推进全面依法治国的根本制度保障。③贯彻中国特色社会主义法治理论。中国特色社会主义法治理论是中国特色社会主义法治体系的理论指导和学理支撑，是全面推进依法治国的行动指南。中国特色社会主义法治理论是中国特色社会主义理论体系的重要组成部分。

在实际工作和学习中落实以上核心要义，必须做到以下数端：

其一，自觉坚持党的领导。把党的领导贯彻到依法治国的全过程和各方面，是我国社会主义法治建设的一条基本经验。我国宪法确立了中国共产党的领导地位。坚持党的领导是社会主义法治的根本要求，是党和国家的根本所在、命脉所在，是全国各族人民的利益所系、幸福所系，是推进全面依法治国的题中应有之义。正如材料所言，全面依法治国，核心在于坚持党的领导，关键在于坚持党对一切工作的集中统一领导。

其二，自觉捍卫中国特色社会主义制度。中国特色社会主义制度是党领导人民奋斗、创造、积累的根本成就之一，集中体现了中国特色社会主义的特点和优势。全面依法治国战略的推进如果脱离了中国特色社会主义制度这一根本依托，必将成为无源之水、无根之木。正如材料所言，全面推进依法治国这件大事能不能办好，关键之一在于坚持中国特色社会主义制度。

其三，自觉学习贯彻中国特色社会主义法治理论。中国特色社会主义法治理论是将马克思主义普遍真理同中国实际不断结合的理论结晶，是马克思主义法治思想中国化的最新理论成果，是对我党带领全国人民探索法治道路经验的科学总结。伟大的实践离不开伟大的理论，全面深入贯彻中国特色社会主义法治理论，是保障中国特色社会主义法治建设科学性、系统性的精神内核与不二要求。正如材料所言，贯彻中国特色社会主义法治理论是办好全面推进依法治国这件大事的关键之一。

综上所述，每一个公民都必须将中国特色社会主义法治道路的核心要义贯彻到自身的实际工作和学习之中，从而在全社会形成自觉践行习近平法治思想、自觉参与全面依法治国的氛围,通过凝聚全民的磅礴实践伟力,确保实现党和国家长治久安,最终建成富强民主文明和谐美丽的社会主义现代化强国,实现中华民族伟大复兴!

2017年司考卷四第一题

材料一： 法律本来应该具有定分止争的功能，司法审判本来应该具有终局性的作用，如果司法不公、人心不服，这些功能就难以实现。……我们提出要努力让人民群众在每一个司法案件中都感受到公平正义，所有司法机关都要紧紧围绕这个目标来改进工作，重点解决影响司法公正和制约司法能力的深层次问题。（摘自习近平：《第十八届中央政治局第四次集体学习时的讲话》）

材料二： 新华社北京2017年5月3日电：中共中央总书记、国家主席、中央军委主席习近平3日上午来到中国政法大学考察。习近平指出，我们有我们的历史文化，有我们的体制机制，有我们的国情，我们的国家治理有其他国家不可比拟的特殊性和复杂性，也有我们自己长期积累的经验和优势。

问题： 请根据材料一和材料二，结合自己对中华法文化中"天理、国法、人情"的理解，谈谈在现实社会的司法、执法实践中，一些影响性裁判、处罚决定公布后，有的深获广大公众认同，取得良好社会效果，有的则与社会公众较普遍的认识有相当距离，甚至截然相反判断的原因和看法。

答题要求：

1. 无观点或论述、照搬材料原文的不得分；
2. 观点正确，表述完整、准确；
3. 总字数不少于500字。（要点）

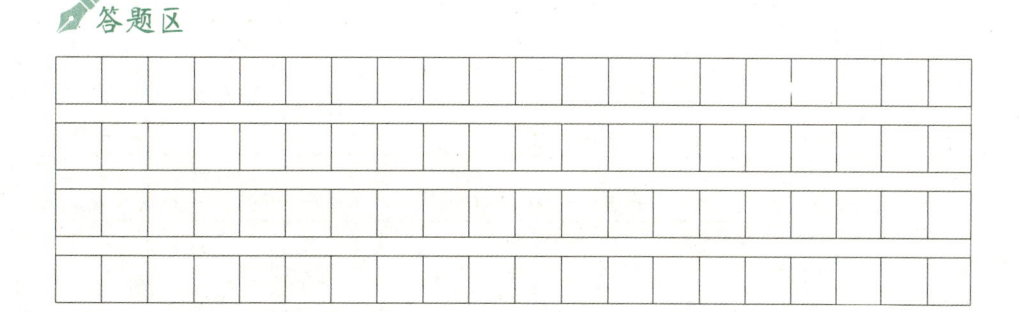

答题区

范文

　　从中国实际出发，灵活运用"天理、国法、人情"解决深层次问题，这是当前司法、执法实践取得良好社会效果的关键所在。

　　在传统中华法文化中，天理是指终极正当的法则，它是法律所依据的道理，是法律制定、实施的本源。在当下的法治实践中，最大的天理就是坚持以人民为中心，把人民作为一切工作的中心。国法是指一个国家现行有效的法律，它是执法、司法的依据。人情则是指社会公众所认可的道德伦理情感，它是执法、司法活动不可或缺的支撑。灵活运用"天理、国法、人情"，取得良好的社会效果，这是传统中华法文化的价值追求和精华所在。

　　当前灵活运用"天理、国法、人情"解决深层次问题，必须注意以下数端：

　　其一，中国特色社会主义道路、理论体系、制度是推进全面依法治国的根本遵循。必须从这一根本遵循出发，同改革开放不断深化相适应，总结和运用党领导人民实行法治的成功经验，解决社会主义法治建设重大理论和实践问题。正如材料所言，习近平总书记指出，我们的国家治理有其他国家不可比拟的特殊性和复杂性。我们必须从我国实际出发，才能妥当地处理执法、司法实践中的深层次问题。

　　其二，推进法治理论创新，发展符合中国实际、具有中国特色、体现社会发展规律的社会主义法治理论，为依法治国提供理论指导和学理支撑。正如材料所言，习近平总书记指出，我们有我们的历史文化，有我们的国情，也有我们自己长期积累的经验和优势。这些经验和优势之一，就是灵活运用"天理、国法、人情"的智慧。我们应当继承其中的精华，以此丰富中国特色社会主义法治理论，并以其引领当下的法治实践沿着正确的方向前进。

其三，汲取中华法律文化精华，借鉴国外法治有益经验，但决不照搬外国法治理念和模式。当前的执法、司法实践中，无视中华法律文化精华，片面强调"国法"而忽视"天理、人情"的错误现象屡有发生，以致一些影响性裁判、处罚决定公布后，并未取得良好社会效果。正如材料所言，我们要努力让人民群众在每一个司法案件中都感受到公平正义，所有司法机关都要紧紧围绕这个目标来改进工作。

综上所述，当前司法、执法实践取得良好社会效果的关键，就在于从中国实际出发，灵活运用"天理、国法、人情"解决深层次问题，让人民群众在每一个司法案件中都感受到公平正义。公正是法治的生命线。司法公正对社会公正具有重要的引领作用，司法不公对社会公正具有致命的破坏作用。唯有牢牢抓住公平正义这一法治价值追求，才能有力推进公正司法、树立司法权威，进而推动全面依法治国，实现党和国家长治久安，最终建成富强民主文明和谐美丽的社会主义现代化强国，实现中华民族伟大复兴！

大综案例 第三部分

案例一 习近平法治思想的地位和内在逻辑

材料一： 习近平法治思想的主要内容，集中体现为习近平总书记在中央全面依法治国工作会议上提出的"十一个坚持"，覆盖改革发展稳定、内政外交国防、治党治国治军等各方面的法治问题，在范畴上系统集成、逻辑上有机衔接、话语上自成一体，展现出深厚的理论底蕴、缜密的逻辑架构和统一的价值指向，是我们党迄今为止最为全面、系统、科学的法治理论体系。

材料二： 中国共产党诞生后，中国共产党人把马克思主义基本原理同中国革命和建设的具体实际结合起来，团结带领人民经过长期奋斗，完成新民主主义革命和社会主义革命，建立起中华人民共和国和社会主义基本制度，进行了社会主义建设的艰辛探索，实现了中华民族从东亚病夫到站起来的伟大飞跃。这一伟大飞跃以铁一般的事实证明，只有社会主义才能救中国！

改革开放以来，中国共产党人把马克思主义基本原理同中国改革开放的具体实际结合起来，团结带领人民进行建设中国特色社会主义新的伟大实践，使中国大踏步赶上了时代，实现了中华民族从站起来到富起来的伟大飞跃。这一伟大飞跃以铁一般的事实证明，只有中国特色社会主义才能发展中国！

在新时代，中国共产党人把马克思主义基本原理同新时代中国具体实际结合起来，团结带领人民进行伟大斗争、建设伟大工程、推进伟大事业、实现伟大梦想，推动党和国家事业取得全方位、开创性历史成就，发生深层次、根本性历史变革，中华民族迎来了从富起来到强起来的伟大飞跃。这一伟大飞跃以铁一般的事实证明，只有坚持和发展中国特色社会主义才能实现中华民族伟大复兴！（摘自习近平：《在纪念马克思诞辰200周年大会上的讲话》）

问题：（共35分）

根据以上材料，围绕习近平法治思想的地位，谈谈你对习近平法治思想形成发展的逻辑的认识。

答题要求：

1. 无观点或论述、照搬材料原文的不得分；
2. 观点正确，表述完整、准确；
3. 总字数不得少于600字。

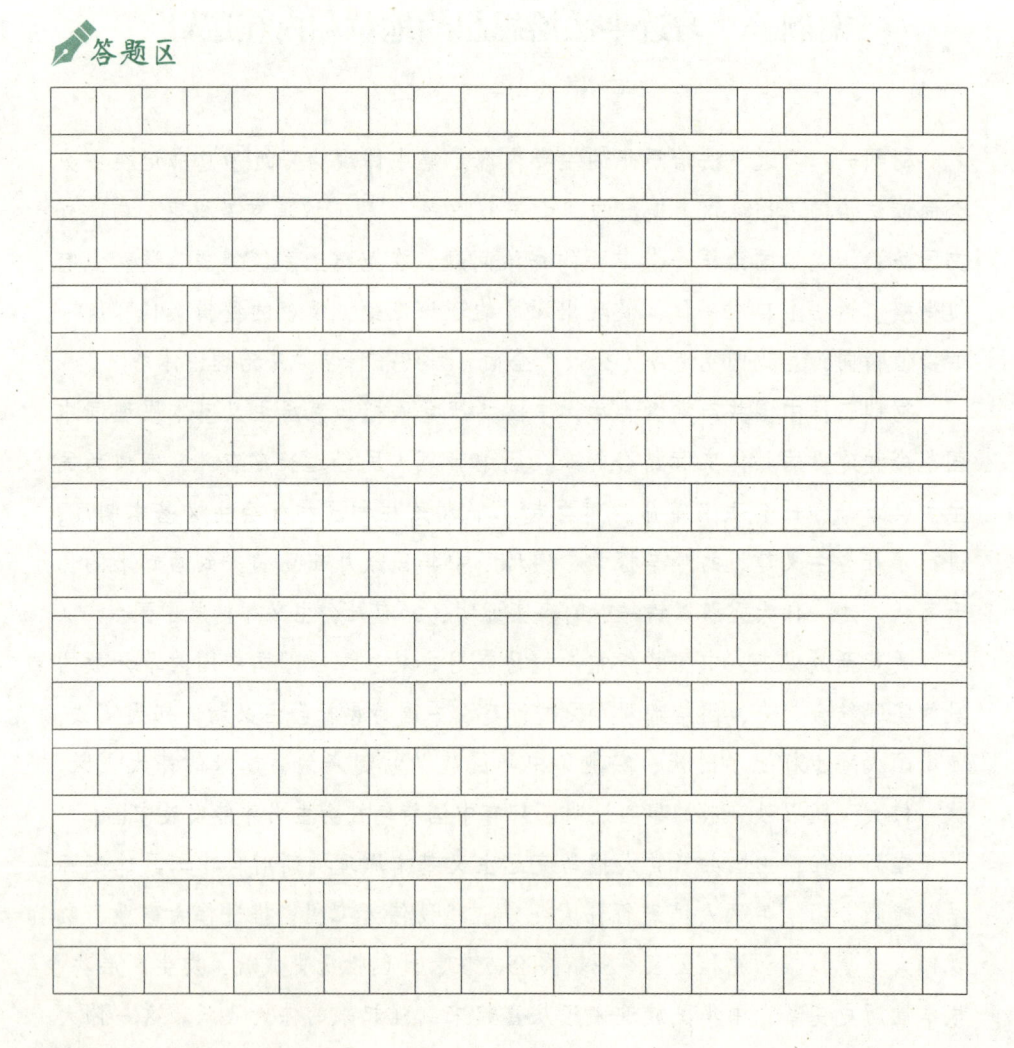

答题区

600字

范文及评分

评分标准	范　　文
观点句（≤3分） 一句话统括全文	把握习近平法治思想在推进全面依法治国工作中的指导地位，是理解习近平法治思想形成发展的逻辑的关键所在。（0~3分） ⚠注意：若观点出现政治错误，则全文计0分。

续表

评分标准	范文
是什么（≤7分）复述定义（基本概念、基本理论）	习近平法治思想在全面依法治国工作中的指导地位由2020年11月中央全面依法治国工作会议明确。（0~1分）习近平法治思想是着眼于中华民族伟大复兴战略全局和当今世界百年未有之大变局（0~1分），顺应实现中华民族伟大复兴时代要求应运而生的重大战略思想（0~1分），是马克思主义法治理论中国化的最新成果（0~1分），是中国特色社会主义法治理论的重大创新发展（0~1分），是习近平新时代中国特色社会主义思想的重要组成部分（0~1分），是新时代推进全面依法治国必须长期坚持的指导思想（0~1分）。
过渡句（不计分）	习近平法治思想的指导地位与其形成发展的逻辑一脉相承。具体而言，包括以下数端：
为什么（≤18分）展开讨论，解析材料	其一，从历史逻辑来看，习近平法治思想凝聚着中国共产党人在法治建设长期探索中形成的经验积累和智慧结晶，标志着我们党对共产党执政规律、社会主义建设规律、人类社会发展规律的认识达到了新高度，开辟了中国特色社会主义法治理论和实践的新境界。正如材料所言，……（0~6分） 其二，从理论逻辑来看，习近平法治思想坚持马克思主义法治理论的基本原则，贯彻运用马克思主义法治理论的立场、观点和方法，继承我们党关于法治建设的重要理论，传承中华优秀传统法律文化，系统总结新时代中国特色社会主义法治实践经验，是马克思主义法治理论与新时代中国特色社会主义法治实践相结合的产物，是马克思主义法治理论中国化的新发展、新飞跃，反映了创新马克思主义法治理论的内在逻辑要求。正如材料所言，……（0~6分） 其三，从实践逻辑来看，习近平法治思想是从统筹中华民族伟大复兴战略全局和世界百年未有之大变局、实现党和国家长治久安的战略高度，在推进伟大斗争、伟大工程、伟大事业、伟大梦想的实践之中完善形成的，并会随着实践的发展而进一步丰富。正如材料所言，……（0~6分）

续表

评分标准	范文
怎么办（≤5分） 重申观点，首尾呼应， 总结提升	综上所述，认识习近平法治思想的地位，理解习近平法治思想形成发展的逻辑，必须结合马克思主义法治理论中国化的历史进程，掌握习近平法治思想的主要内容。（0~2分）唯有如此，方能更好地坚持习近平法治思想在全面依法治国中的指导地位（把习近平法治思想贯彻落实到全面依法治国的全过程和各方面，不断开创法治中国建设的新局面），把握我国发展的重要战略机遇期，统筹国内国际两个大局，深入推进全面依法治国、加快建设社会主义法治国家，运用制度威力应对风险挑战，实现党和国家长治久安，全面建设社会主义现代化国家、实现中华民族伟大复兴的中国梦！（0~3分）
不少于600字（≤2分）	字数1分，通顺程度1分。

案例二　习近平法治思想的鲜明特色和重大意义

材料一： 马克思主义是不断发展的开放的理论，始终站在时代前沿。马克思一再告诫人们，马克思主义理论不是教条，而是行动指南，必须随着实践的变化而发展。一部马克思主义发展史就是马克思、恩格斯以及他们的后继者们不断根据时代、实践、认识发展而发展的历史，是不断吸收人类历史上一切优秀思想文化成果丰富自己的历史。因此，马克思主义能够永葆其美妙之青春，不断探索时代发展提出的新课题、回应人类社会面临的新挑战。（摘自习近平：《在纪念马克思诞辰200周年大会上的讲话》）

材料二： 中央全面依法治国工作会议于2020年11月16日至17日在北京召开。中共中央总书记、国家主席、中央军委主席习近平出席会议并发表重要讲话，强调推进全面依法治国要全面贯彻落实党的十九大和十九届二中、三中、四中、五中全会精神，从把握新发展阶段、贯彻新发展理念、构建新发展格局的实际出发，围绕建设中国特色社会主义法治体系、建设社会主义法治国家的总目标，坚持党的领导、人民当家作主、依法治国有机统一，以解决法治领域突出问题为着力点，坚定不移走中国特色社会主义法治道路，在法治轨道上推进国家治理体系和治理能力现代化，为全面建设社会主义现代化国家、实现中华民族伟大复兴的中国梦提供有力法治保障。

会议强调，习近平法治思想内涵丰富、论述深刻、逻辑严密、系统完备，从历史和现实相贯通、国际和国内相关联、理论和实际相结合上深刻回答了新时代为什么实行全面依法治国、怎样实行全面依法治国等一系列重大问题。习近平法治思想是顺应实现中华民族伟大复兴时代要求应运而生的重大理论创新成果，是马克思主义法治理论中国化最新成果，是习近平新时代中国特色社会主义思想的重要组成部分，是全面依法治国的根本遵循和行动指南。

问题：（共35分）

根据以上材料，结合习近平法治思想的鲜明特色，谈谈习近平法治思想对于推进全面依法治国的重大意义。

答题要求：

1. 无观点或论述、照搬材料原文的不得分；

2. 观点正确，表述完整、准确；

3. 总字数不得少于600字。

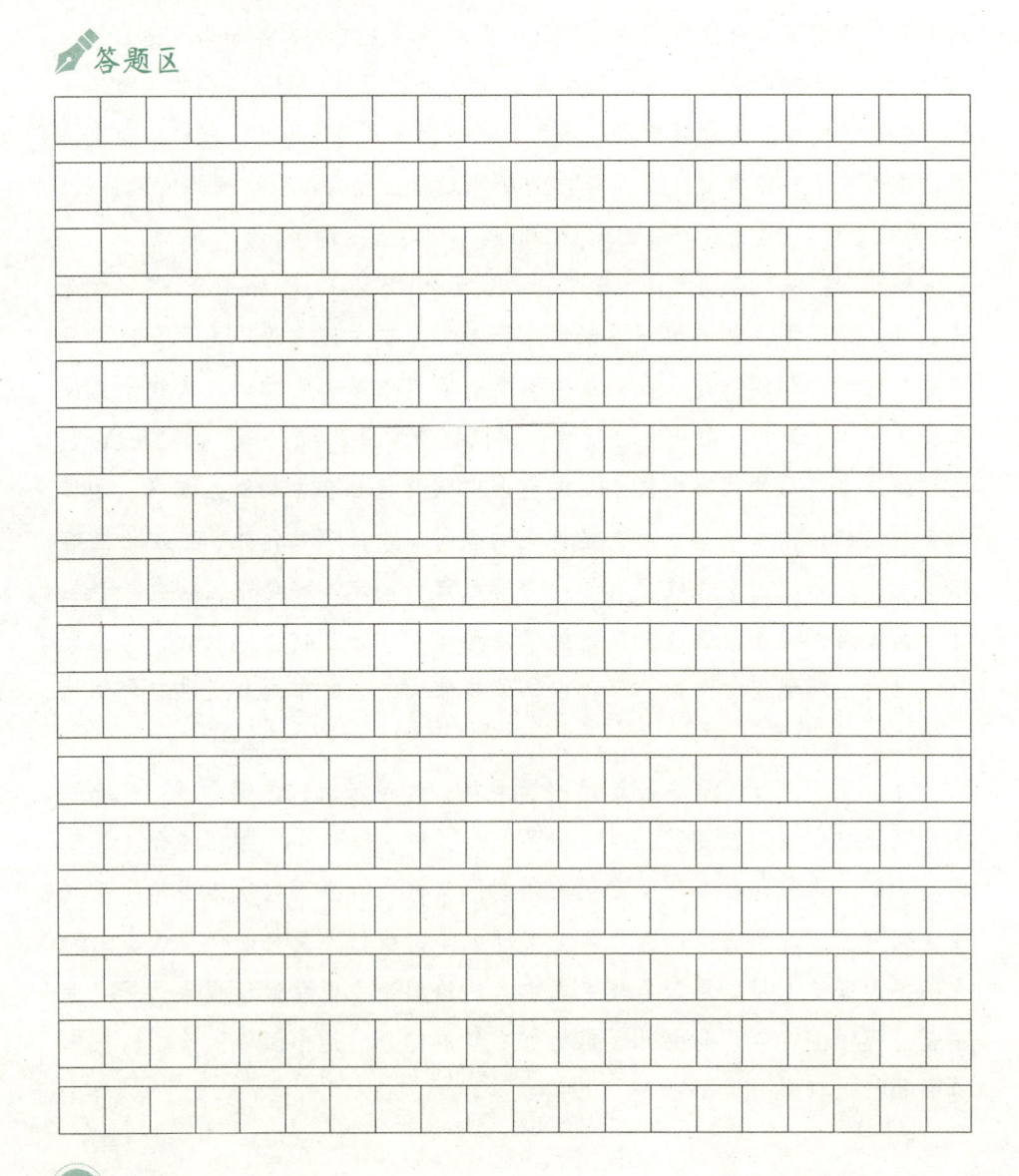

范文及评分

评分标准	范　　文
观点句（≤3分） 一句话统括全文	习近平法治思想对中国特色社会主义法治建设作出全面部署，全面依法治国必须贯彻落实这一指导思想，这是把握习近平法治思想、理解其重大意义的第一要义。（0~3分） 🔲 注意：若观点出现政治错误，则全文计0分。
是什么（≤7分） 复述定义（基本概念、基本理论）	习近平法治思想用"十一个坚持"对全面依法治国进行阐释、部署（0~1分），都是涉及理论和实践的方向性、根本性、全局性的重大问题（0~1分），具有以下鲜明特色：①原创性。习近平法治思想是对马克思主义法治理论作出的原创性贡献。（0~1分）②系统性。习近平法治思想是用科学方法谋划和推进法治中国建设而构成的科学思想体系。（1分）③时代性。习近平法治思想立足中国特色社会主义进入新时代的历史方位，科学回答了新时代我国法治建设的根本性问题。（0~1分）④人民性。习近平法治思想强调人民这一根本立场，把维护人民根本权益落实到全面依法治国的各领域全过程。（0~1分）⑤实践性。习近平法治思想以破解法治实践难题为着力点，实现历史性变革、取得历史性成就。（0~1分）

续表

评分标准	范文
过渡句（不计分）	习近平法治思想在全面依法治国工作中居于指导地位，是全面推进依法治国的指导思想。其重大意义如下：
为什么（≤18分） 展开讨论，解析材料	其一，习近平法治思想是马克思主义法治理论中国化的最新成果，是中国特色社会主义法治理论的重大创新发展，是习近平新时代中国特色社会主义思想的重要组成部分，是全面依法治国必须长期坚持的指导思想，是习近平新时代中国特色社会主义思想的"法治篇"。正如材料所言，……（0~4.5分） 其二，习近平法治思想以新的高度、新的视野、新的认识赋予中国特色社会主义法治建设事业以新的时代内涵，深刻回答了事关新时代我国社会主义法治建设的一系列重大问题，实现了中国特色社会主义法治理论的历史性飞跃；既是提炼升华党领导法治建设丰富实践和宝贵经验的重大理论创新成果，更是引领新时代全面依法治国不断从胜利走向新的胜利的光辉思想旗帜。正如材料所言，……（0~4.5分） 其三，习近平法治思想贯穿经济、政治、文化、社会、生态文明建设的各个领域，涵盖改革发展稳定、内政外交国防、治党治国治军各个方面，科学指明了在法治轨道上推进国家治理现代化的正确道路，为依法应对重大挑战、抵御重大风险、克服重大阻力、解决重大矛盾，在法治轨道上推进国家治理体系和治理能力现代化提供了根本遵循。正如材料所言，……（0~4.5分） 其四，习近平法治思想从全面建设社会主义现代化国家的目标要求出发，立足新发展阶段、贯彻新发展理念、构建新发展格局的实际需要，提出了当前和今后一个时期全面依法治国的目标任务，为实现新时代法治中国建设高质量发展提供了强有力的思想武器。正如材料所言，……（0~4.5分）

续表

评分标准	范　　文
怎么办（≤5分） 重申观点，首尾呼应，总结提升	综上所述，把握习近平法治思想，理解其重大意义，必须准确理解习近平法治思想对中国特色社会主义法治建设作出的全面部署。(0~2分)唯有如此，方能更好地坚持习近平法治思想在全面依法治国中的指导地位（把习近平法治思想贯彻落实到全面依法治国的全过程和各方面，不断开创法治中国建设的新局面），把握我国发展的重要战略机遇期，统筹国内国际两个大局，深入推进全面依法治国、加快建设社会主义法治国家，运用制度威力应对风险挑战，实现党和国家长治久安，全面建设社会主义现代化国家、实现中华民族伟大复兴的中国梦！(0~3分)
不少于600字（≤2分）	字数1分，通顺程度1分。

案例三　坚持党对全面依法治国的领导

材料一： 习近平总书记指出："把坚持党的领导、人民当家作主、依法治国有机统一起来是我国社会主义法治建设的一条基本经验。我国宪法以根本法的形式反映了党带领人民进行革命、建设、改革取得的成果，确立了在历史和人民选择中形成的中国共产党的领导地位。对这一点，要理直气壮讲、大张旗鼓讲。要向干部群众讲清楚我国社会主义法治的本质特征，做到正本清源、以正视听。"

材料二： 党的领导是推进全面依法治国的根本保证。我们党是世界最大的执政党，领导着世界上人口最多的国家，如何掌好权、执好政，如何更好把14亿人民组织起来、动员起来全面建设社会主义现代化国家，是一个始终需要高度重视的重大课题。历史是最好的教科书，也是最好的清醒剂。我们党领导社会主义法治建设，既有成功经验，也有失误教训。特别是十年内乱期间，法制遭到严重破坏，党和人民付出了沉重代价。"文化大革命"结束后，邓小平同志把这个问题提到关系党和国家前途命运的高度，强调"必须加强法制，必须使民主制度化、法律化"。正反两方面的经验告诉我们，国际国内环境越是复杂，改革开放和社会主义现代化建设任务越是繁重，越要运用法治思维和法治手段巩固执政地位、改善执政方式、提高执政能力，保证党和国家长治久安。

全党同志都必须清醒认识到，全面依法治国决不是要削弱党的领导，而是要加强和改善党的领导。要健全党领导全面依法治国的制度和工作机制，推进党的领导制度化、法治化，通过法治保障党的路线方针政策有效实施。（摘自习近平：《坚定不移走中国特色社会主义法治道路　为全面建设社会主义现代化国家提供有力法治保障》）

问题：（共35分）

根据以上材料，围绕"中国特色社会主义法治之魂"，谈谈如何坚持党对全面依法治国的领导。

答题要求：

1. 无观点或论述、照搬材料原文的不得分；

2. 观点正确，表述完整、准确；

3. 总字数不得少于600字。

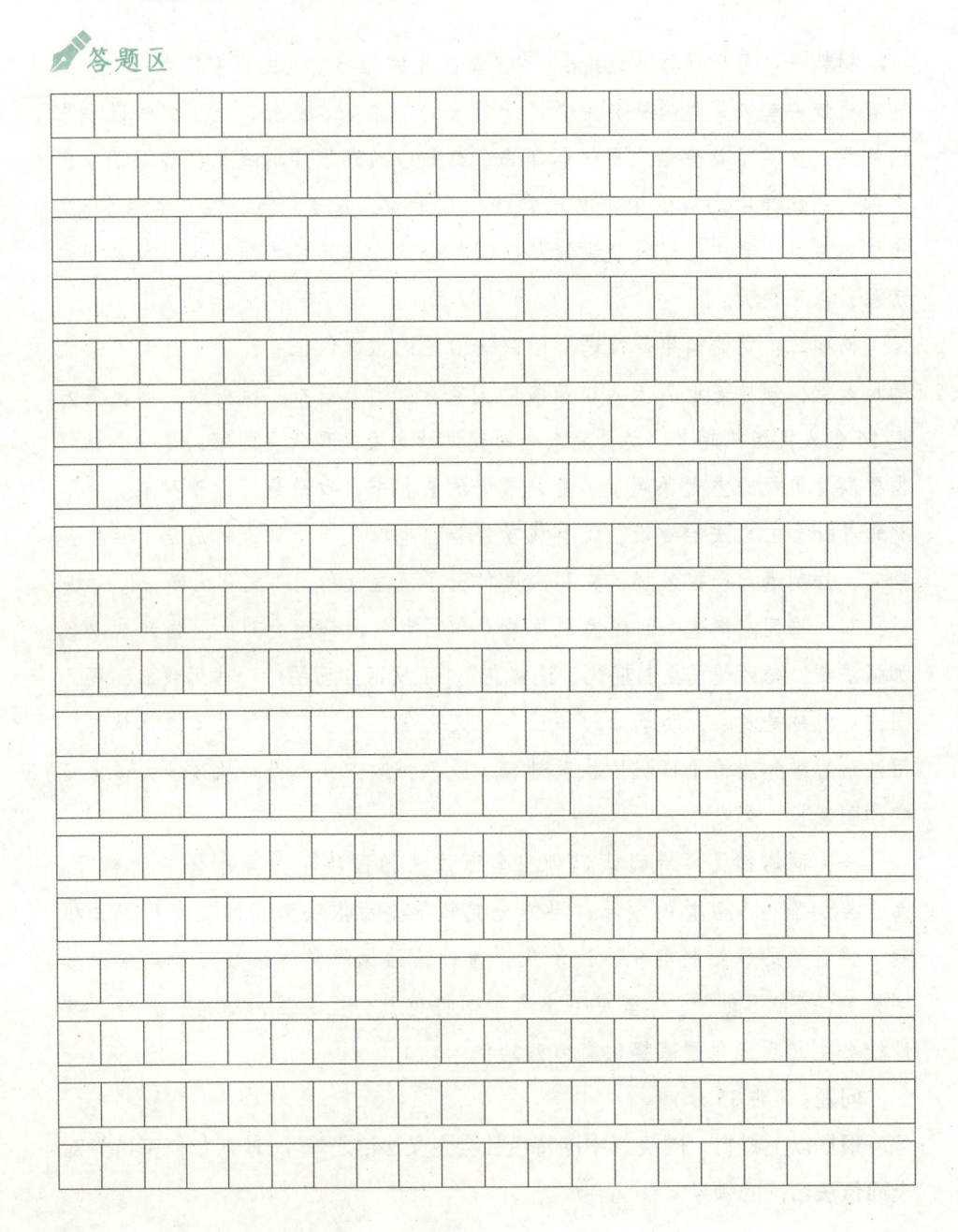

答题区

600字

范文及评分

评分标准	范文
观点句（≤3分） 一句话统括全文	党的领导是人民和历史的选择，是推进全面依法治国的根本保证。这是我们理解"法治之魂"，理解坚持党对全面依法治国的领导的第一要义。（0~3分） **注意**：若观点出现政治错误，则全文计0分。
是什么（≤7分） 复述定义（基本概念、基本理论）	党的领导是中国特色社会主义法治之魂。（0~1分）具体而言：①中国共产党是中国特色社会主义事业的坚强领导核心，是最高政治领导力量，各个领域、各个方面都必须坚定自觉地坚持党的领导（0~2分）；②坚持党的领导，是社会主义法治的根本要求，是党和国家的根本所在、命脉所在，是全国各族人民的利益所系、幸福所系，是全面推进依法治国的题中应有之义（0~2分）；③党的领导和社会主义法治是一致的，社会主义法治必须坚持党的领导，党的领导必须依靠社会主义法治（0~2分）。
过渡句（不计分）	坚持党对全面依法治国的领导，必须做到以下数端：
为什么（≤18分） 展开讨论，解析材料	其一，全面依法治国是要加强和改善党的领导。必须坚持党总揽全局、协调各方的领导核心地位不动摇，这是由全面依法治国的性质和任务，以及党的领导和社会主义法治的一致性所决定的。正如材料所言，……（0~4.5分） 其二，坚持党的领导、人民当家作主、依法治国有机统一，牢牢把握坚持党的领导这一根本所在，完善人民代表大会制度，实现国家各项工作法治化。正如材料所言，……（0~4.5分） 其三，把党的领导贯彻落实到依法治国的全过程和各方面。必须坚持党领导立法、保证执法、支持司法、带头守法，善于通过法治方式坚持党的领导。正如材料所言，……（0~4.5分） 其四，健全党领导全面依法治国的制度和工作机制。要加强党对全面依法治国的集中统一领导，充分发挥各级党委的领导核心作用，强化方针政策和决策部署的有效贯彻执行。正如材料所言，……（0~4.5分）

续表

评分标准	范文
怎么办（≤5分） 重申观点，首尾呼应， 总结提升	综上所述，我们理解"中国特色社会主义法治之魂"，坚持党对全面依法治国的领导，必须牢记党的领导是人民和历史的选择，是推进全面依法治国的根本保证。（0~2分）唯有如此，方能更好地坚持习近平法治思想在全面依法治国中的指导地位（把习近平法治思想贯彻落实到全面依法治国的全过程和各方面，不断开创法治中国建设的新局面），把握我国发展的重要战略机遇期，统筹国内国际两个大局，深入推进全面依法治国、加快建设社会主义法治国家，运用制度威力应对风险挑战，实现党和国家长治久安，全面建设社会主义现代化国家、实现中华民族伟大复兴的中国梦！（0~3分）
不少于600字（≤2分）	字数1分，通顺程度1分。

案例四　坚持中国特色社会主义法治道路

材料一：全面推进依法治国，必须走对路。如果路走错了，南辕北辙了，那再提什么要求和举措也都没有意义了。中国特色社会主义法治道路是一个管总的东西。具体讲我国法治建设的成就，大大小小可以列举出十几条、几十条，但归结起来就是开辟了中国特色社会主义法治道路这一条。鸦片战争后，许多仁人志士也曾想变法图强，但都以失败告终。我们党在领导中国人民进行新民主主义革命的伟大斗争中，不断探索适合中国国情的法治道路。新中国成立后，逐步确立了新中国的宪法制度和司法体制。改革开放以来，我们党深刻总结法治建设正反两方面的经验教训，最终走出了一条中国特色社会主义法治道路。我国社会主义法治建设之所以能取得举世瞩目的伟大成就，就在于开辟了一条符合我国国情、遵循法治规律的中国特色社会主义法治道路。

材料二：我们要坚持的中国特色社会主义法治道路，本质上是中国特色社会主义道路在法治领域的具体体现；我们要发展的中国特色社会主义法治理论，本质上是中国特色社会主义理论体系在法治问题上的理论成果；我们要建设的中国特色社会主义法治体系，本质上是中国特色社会主义制度的法律表现形式。我们既要立足当前，运用法治思维和法治方式解决经济社会发展面临的深层次问题；又要着眼长远，筑法治之基、行法治之力、积法治之势，促进各方面制度更加成熟更加定型，为党和国家事业发展提供长期性的制度保障。

自古以来，我国形成了世界法制史上独树一帜的中华法系，积淀了深厚的法律文化。中华法系形成于秦朝，到隋唐时期逐步成熟，《唐律疏议》是代表性的法典，清末以后中华法系影响日渐衰微。与大陆法系、英美法系、伊斯兰法系等不同，中华法系是在我国特定历史条件下形成的，显示了中华民族的伟大创造力和中华法制文明的深厚底蕴。中华法系凝聚了中华民族的精神和智慧，有很多优秀的思想和理念值得我们传承。出礼入刑、隆礼重法的治国策略，民惟邦本、本固邦宁的民本理念，天下无讼、以和为贵的价值追求，德主刑辅、明德慎罚的慎刑思想，援法断罪、罚当其罪的平等观念，保护鳏寡孤独、老幼妇残的恤刑原则，等等，都彰显了中华优秀传统法律文化的智慧。近代以后，不少人试图在中国照搬西方法治模式，但最终都归于失败。历史和现实告诉我们，只有传承中华优秀传统法律文化，从我国革命、建设、改革的实践中探索适合自己的法治道路，同时借鉴国外法治有益成果，才能为全面建设社会主义现代化国家、实现中华民族伟大复兴夯实法治基础。

有一点要明确，我们推进全面依法治国，决不照搬别国模式和做法，决不走西方所谓"宪政""三权鼎立""司法独立"的路子。实践证明，我国政治制度和法治体系是适合我国国情和实际的制度，具有显著优越性。在这个问题上，我们要有自信、有底气、有定力。事实教育了我们的人民群众，人民群众越来越自信。（摘自习近平：《坚定不移走中国特色社会主义法治道路 为全面建设社会主义现代化国家提供有力法治保障》）

问题：（共35分）

根据以上材料，围绕"建设社会主义法治国家的唯一正确道路"，谈谈在推进全面依法治国的工作中如何贯彻落实中国特色社会主义法治道路的核心要义。

答题要求：

1. 无观点或论述、照搬材料原文的不得分；
2. 观点正确，表述完整、准确；
3. 总字数不得少于600字。

答题区

600字

范文及评分

评分标准	范　　文
观点句（≤3分） 一句话统括全文	把握中国特色社会主义法治道路的显著优越性，坚定道路自信，是理解"唯一正确道路"，贯彻落实其核心要义的首要之义。(0~3分) 　　⓿ 注意：若观点出现政治错误，则全文计0分。

续表

评分标准	范　　文
是什么（≤7分） 复述定义（基本概念、基本理论）	中国特色社会主义法治道路是建设社会主义法治国家的唯一正确道路。（0~1分）这一道路决定着全面依法治国的成败（0~1分），它是最适合中国国情的法治道路（0~1分）。它根植于我国社会主义初级阶段的基本国情（0~1分），生发于我国改革开放和社会主义现代化建设的具体实践（0~1分），是被历史和现实充分证明了的符合我国基本国情、符合人民群众愿望、符合实践发展要求的法治道路，具有显著优越性（0~1分）。全面依法治国必须从我国实际出发，突出中国特色、实践特色、时代特色。（0~1分）
过渡句（不计分）	在推进全面依法治国的工作中贯彻落实中国特色社会主义法治道路的核心要义，包括以下数端：
为什么（≤18分） 展开讨论，解析材料	其一，最根本的是坚持中国共产党的领导。党的领导是实现全面推进依法治国总目标的最根本保证，必须始终坚持党总揽全局、协调各方的领导核心地位不动摇。要把加强党对全面依法治国的领导落实到法治建设的全过程和各方面，坚持党领导立法、保证执法、支持司法、带头守法。正如材料所言，……（0~6分） 　　其二，坚持中国特色社会主义制度。这是中国特色社会主义法治体系的根本制度基础，是全面推进依法治国的根本制度保障。中国特色社会主义根本制度、基本制度和重要制度，是中国特色社会主义法治道路的制度基础和重要保障。要坚持中国特色社会主义法治道路，不断巩固和完善中国特色社会主义制度，以法治为中国特色社会主义制度保驾护航。正如材料所言，……（0~6分） 　　其三，贯彻中国特色社会主义法治理论。这是中国特色社会主义法治体系的理论指导和学理支撑。习近平法治思想是习近平新时代中国特色社会主义思想的重要组成部分，是新时代推进全面依法治国的科学指南和根本遵循。要深入学习贯彻习近平法治思想，不断开创法治中国建设的新局面。正如材料所言，……（0~6分）

续表

评分标准	范文
怎么办（≤5分） 重申观点，首尾呼应，总结提升	综上所述，理解"中国特色社会主义法治道路是建设社会主义法治国家的唯一正确道路"，贯彻落实其核心要义，必须把握中国特色社会主义法治道路的显著优越性，坚定道路自信。(0~2分) 唯有如此，方能更好地坚持习近平法治思想在全面依法治国中的指导地位（把习近平法治思想贯彻落实到全面依法治国的全过程和各方面，不断开创法治中国建设的新局面），把握我国发展的重要战略机遇期，统筹国内国际两个大局，深入推进全面依法治国、加快建设社会主义法治国家，运用制度威力应对风险挑战，实现党和国家长治久安，全面建设社会主义现代化国家、实现中华民族伟大复兴的中国梦！(0~3分)
不少于600字（≤2分）	字数1分，通顺程度1分。

案例五　坚持在法治轨道上推进国家治理体系和治理能力现代化

材料一： 我国社会主义法治凝聚着我们党治国理政的理论成果和实践经验，是制度之治最基本最稳定最可靠的保障。党的十八届三中全会专题研究全面深化改革问题，明确提出要完善和发展中国特色社会主义制度，推进国家治理体系和治理能力现代化，并将其作为全面深化改革的总目标。党的十八届四中全会进一步强调要推进国家治理体系和治理能力现代化，指出全面推进依法治国是一个系统工程，是国家治理领域一场广泛而深刻的革命。党的十九大报告提出，要坚持和完善中国特色社会主义制度，不断推进国家治理体系和治理能力现代化，将其作为新时代坚持和发展中国特色社会主义的基本方略之一。党的十九届四中全会对坚持和完善中国特色社会主义制度，推进国家治理体系和治理能力现代化作出全面部署。

材料二： 坚持全面依法治国，是中国特色社会主义国家制度和国家治理体系的显著优势。中国特色社会主义实践向前推进一步，法治建设就要跟进一步。法治是国家治理体系和治理能力的重要依托。只有全面依法治国才能有效保障国家治理体系的系统性、规范性、协调性，才能最大限度凝聚社会共识。在全面建设社会主义现代化国家新征程上，我们要更加重视法治、厉行法治，更好发挥法治固根本、稳预期、利长远的保障作用，坚持依法应对重大挑战、抵御重大风险、克服重大阻力、解决重大矛盾。

材料三： 建设中国特色社会主义法治体系、建设社会主义法治国家是实现国家治理体系和治理能力现代化的必然要求，也是全面深化改革的必然要求，有利于在法治轨道上推进国家治理体系和治理能力现代化，有利于在全面深化改革总体框架内全面推进依法治国各项工作，有利于在法治轨道上不断深化改革。

我们必须把依法治国摆在更加突出的位置，把党和国家工作纳入法治化轨道，坚持在法治轨道上统筹社会力量、平衡社会利益、调节社会关系、规范社会行为，依靠法治解决各种社会矛盾和问题，确保我国社会在深刻变革中既生机勃勃又井然有序。（摘自习近平：《论坚持全面依法治国》）

问题：（共35分）

根据以上材料，结合国家治理体系和国家治理能力的概念，谈谈如何坚持在法治轨道上推进国家治理体系和治理能力现代化，推进社会主义法治国家建设。

答题要求：

1. 无观点或论述、照搬材料原文的不得分；
2. 观点正确，表述完整、准确；
3. 总字数不得少于600字。

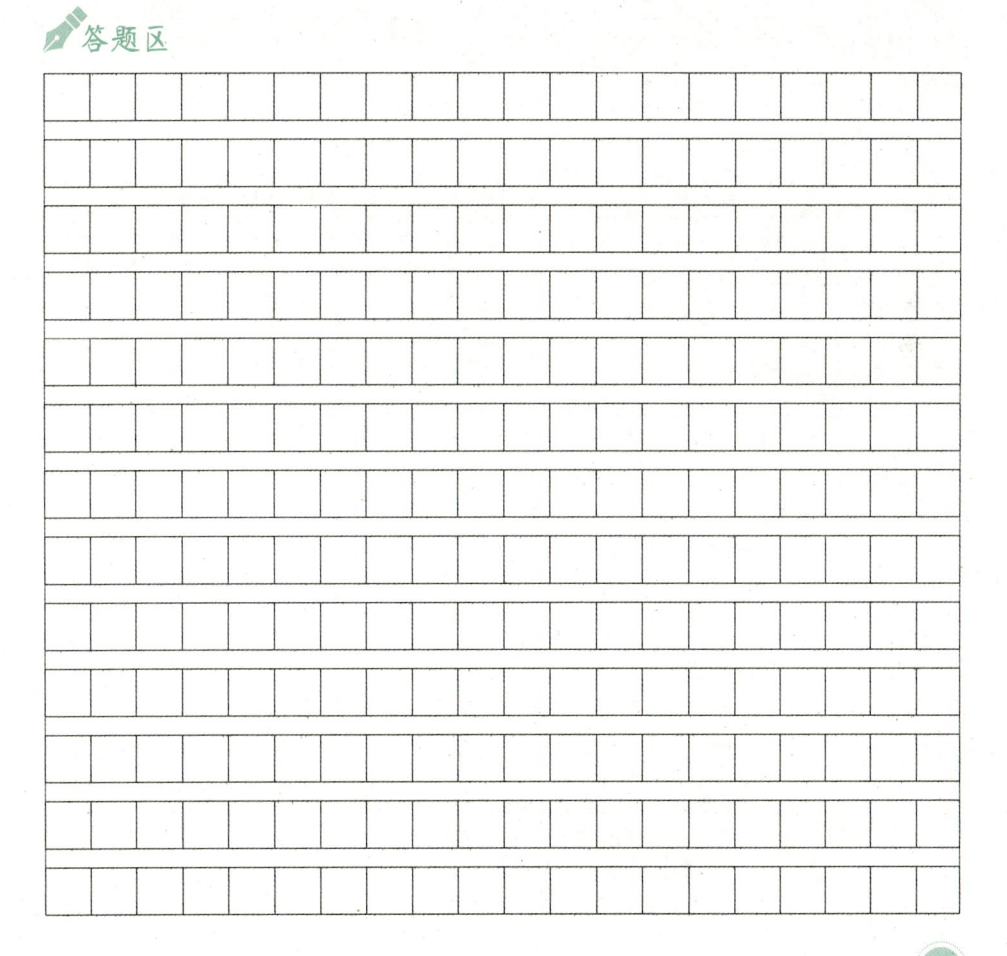

答题区

范文及评分

评分标准	范　　文
观点句（≤3分） 一句话统括全文	坚持全面依法治国这一显著优势，夯实"中国之治"的制度基础，这是坚持在法治轨道上推进国家治理体系和治理能力现代化，推进社会主义法治国家建设的目标所系。（0~3分） ⊙注意：若观点出现政治错误，则全文计0分。

续表

评分标准	范文
是什么（≤7分） 复述定义（基本概念、基本理论）	在法治轨道上推进国家治理体系和治理能力现代化是国家治理领域一场广泛而深刻的革命。（0~1分）国家治理体系是在党领导下管理国家的制度体系，包括经济、政治、文化、社会、生态文明和党的建设等各领域的体制机制、法律法规安排，是一整套紧密相连、相互协调的制度构成的体系。坚持全面依法治国，是中国特色社会主义国家制度和国家治理体系的显著优势。（0~3分）国家治理能力是运用国家制度管理社会各方面事务的能力，是改革发展稳定、内政外交国防、治党治国治军等各个方面国家制度执行能力的集中体现。国家治理能力是影响我国社会主义制度优势充分发挥、党和国家事业顺利发展的重要因素。（0~3分）
过渡句（不计分）	坚持在法治轨道上推进国家治理体系和治理能力现代化，推进社会主义法治国家建设，包括以下数端：
为什么（≤18分） 展开讨论，解析材料	其一，要提高党依法治国、依法执政能力，推进党的领导制度化、法治化、规范化。正如材料所言，……（0~3分） 其二，要用法治保障人民当家作主，健全社会公平正义法治保障制度，使法律及其实施有效体现人民意志、保障人民权益、激发人民创造力。正如材料所言，……（0~4分） 其三，要健全完善中国特色社会主义法治体系，不断满足国家治理需求和人民日益增长的美好生活需要。正如材料所言，……（0~3分） 其四，要坚持依法治国、依法执政、依法行政共同推进，坚持法治国家、法治政府、法治社会一体建设，更加注重系统性、整体性、协同性。正如材料所言，……（0~4分） 其五，要更好发挥法治对改革发展稳定的引领、规范、保障作用，以深化依法治国实践检验法治建设成效，推动各方面制度更加成熟、更加定型，逐步实现国家治理制度化、程序化、规范化、法治化。正如材料所言，……（0~4分）

续表

评分标准	范文
怎么办（≤5分） 重申观点，首尾呼应， 总结提升	综上所述，坚持在法治轨道上推进国家治理体系和治理能力现代化，推进社会主义法治国家建设，必须立足全面依法治国这一显著优势，夯实"中国之治"的制度基础。（0~2分）唯有如此，方能更好地坚持习近平法治思想在全面依法治国中的指导地位（把习近平法治思想贯彻落实到全面依法治国的全过程和各方面，不断开创法治中国建设的新局面），把握我国发展的重要战略机遇期，统筹国内国际两个大局，深入推进全面依法治国、加快建设社会主义法治国家，运用制度威力应对风险挑战，实现党和国家长治久安，全面建设社会主义现代化国家、实现中华民族伟大复兴的中国梦！（0~3分）
不少于600字（≤2分）	字数1分，通顺程度1分。

案例六　坚持全面推进科学立法、严格执法、公正司法、全民守法

　　材料一：解决好立法、执法、司法、守法等领域的突出矛盾和问题，必须坚定不移推进法治领域改革。要紧紧抓住全面依法治国的关键环节，完善立法体制，提高立法质量。要推进严格执法，理顺执法体制，完善行政执法程序，全面落实行政执法责任制。要支持司法机关依法独立行使职权，健全司法权力分工负责、相互配合、相互制约的制度安排。要加大全民普法力度，培育全社会办事依法、遇事找法、解决问题用法、化解矛盾靠法的法治环境。（摘自习近平：《加强党对全面依法治国的领导》）

　　材料二：旗帜鲜明反对腐败，是政法战线必须打好的攻坚战。一些有权人、有钱人搞花钱捞人、花钱买命、提钱出狱，为什么能得手，原因就是政法队伍中存在腐败现象。有的干警同黑恶势力串通一气、充当保护伞，胆大妄为、无法无天！一些黑恶势力杀人越货，不但没有被惩处，其头目反而平步青云，甚至戴上"红顶"，当上了人大代表、政协委员、基层干部，后面的保护伞很大啊！政法机关和政法队伍中的腐败现象，还不仅仅是一个利益问题，很多都涉及人权、人命。有的人搞了腐败，自己得了一些好处，但无辜的人就要有牢狱之灾，甚至要脑袋落地！看到这样的现象，群众心里当然就会有个问号，这还是共产党的天下吗？！我们一定要警醒起来，以最坚决的意志、最坚决的行动扫除政法领域的腐败现象。要健全政法部门分工负责、互相配合、互相制约机制，通过完善的监督管理机制、有效的权力制衡机制、严肃的责任追究机制，加强对执法司法权的监督制约，最大限度减少权力出轨、个人寻租的机会。对司法腐败，要零容忍，坚持"老虎""苍蝇"一起打，坚决清除害群之马。（摘自习近平：《在中央政法工作会议上的讲话》）

　　材料三：现在，人人都有摄像机，人人都是麦克风，人人都可发消息，执法司法活动时刻处在公众视野里、媒体聚光灯下。一个时期以来，网上负面的政法舆情比较多，这其中既有执法司法工作本身的问题，也有一些

媒体和当事人为了影响案件判决、炒作个案的问题。政法机关要自觉接受媒体监督，以正确方式及时告知公众执法司法工作情况，有针对性地加强舆论引导。新闻媒体要加强对执法司法工作的监督，但对执法司法部门的正确行动，要予以支持，加强解疑释惑，进行理性引导，不要人云亦云，更不要在不明就里的情况下横挑鼻子竖挑眼。要处理好监督和干预的关系，坚持社会效果第一，避免炒作渲染，防止在社会上造成恐慌，特别是要防止为不法分子提供效仿样本。（摘自习近平：《严格执法，公正司法》）

问题：（共35分）

根据以上材料，结合推进全面依法治国的"新十六字方针"，谈谈如何深入推进扫黑除恶专项斗争，建设社会主义法治国家。

答题要求：

1. 无观点或论述、照搬材料原文的不得分；
2. 观点正确，表述完整、准确；
3. 总字数不得少于600字。

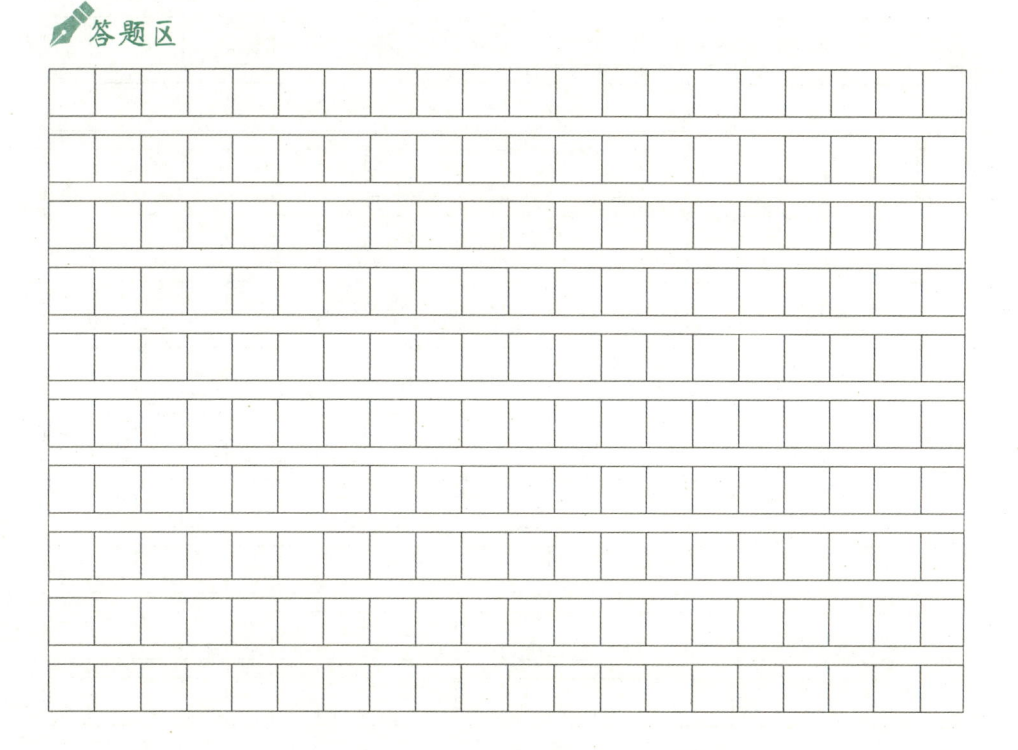

答题区

范文及评分

评分标准	范　　文
观点句（≤3分） 一句话统括全文	抓住突出矛盾和问题，反对政法腐败，强化法治监督，这是当前贯彻落实"新十六字方针"，深入推进扫黑除恶专项斗争，推进全面依法治国，建设社会主义法治国家的关键所在。（0~3分） ▶ **注意**：若观点出现政治错误，则全文计0分。
是什么（≤7分） 复述定义（基本概念、基本理论）	全面依法治国的"新十六字方针"是"科学立法、严格执法、公正司法、全民守法"。（0~3分）全面依法治国是一项长期而重大的历史任务，必须从我国实际出发，切实把握好法治建设各环节的工作规律。"科学立法、严格执法、公正司法、全民守法"是全面依法治国的重要环节，成为指引新时代法治中国建设的"新十六字方针"。（0~4分）
过渡句（不计分）	当前，贯彻落实"新十六字方针"，深入推进扫黑除恶专项斗争包括以下数端：

续表

评分标准	范文
为什么（≤18分） 展开讨论，解析材料	其一，坚持科学立法，推进扫黑除恶。法律是治国之重器，良法是善治之前提。建设中国特色社会主义法治体系，必须坚持立法先行，深入推进科学立法、民主立法、依法立法，提高立法质量和效率。推进科学立法、民主立法是提高立法质量的根本途径。科学立法的核心在于尊重和体现客观规律，民主立法的核心在于为了人民、依靠人民。正如材料所言，……（0~4.5分） 其二，坚持严格执法，推进扫黑除恶。执法是行政机关履行政府职能、管理经济社会事务的主要方式。要加强宪法和法律实施，维护社会主义法制的统一、尊严和权威，形成人们不愿违法、不能违法、不敢违法的法治环境，做到有法必依、执法必严、违法必究。正如材料所言，……（0~4.5分） 其三，坚持公正司法，推进扫黑除恶。公正司法事关人民切身利益，事关社会公平正义，事关全面推进依法治国。公正司法是维护社会公平正义的最后一道防线。各级司法机关要紧紧围绕"努力让人民群众在每一个司法案件中都感受到公平正义"这个要求和目标来改进工作。正如材料所言，……（0~4.5分） 其四，坚持全民守法，推进扫黑除恶。法律要发生作用，全社会首先要信仰法律。要深入开展法治宣传教育，引导全体人民遵守法律，突出普法重点内容，坚持法治教育与法治实践相结合，坚持依法治国和以德治国相结合。正如材料所言，……（0~4.5分）
怎么办（≤5分） 重申观点，首尾呼应，总结提升	综上所述，当前，贯彻落实"新十六字方针"，深入推进扫黑除恶专项斗争，必须抓住突出矛盾和问题，反对政法腐败，强化法治监督。（0~2分）唯有如此，方能更好地坚持习近平法治思想在全面依法治国中的指导地位（把习近平法治思想贯彻落实到全面依法治国的全过程和各方面，不断开创法治中国建设的新局面），把握我国发展的重要战略机遇期，统筹国内国际两个大局，深入推进全面依法

续表

评分标准	范　　　文
怎么办（≤5分） 重申观点，首尾呼应， 总结提升	治国、加快建设社会主义法治国家，运用制度威力应对风险挑战，实现党和国家长治久安，全面建设社会主义现代化国家、实现中华民族伟大复兴的中国梦！（0~3分）
不少于600字（≤2分）	字数1分，通顺程度1分。

声　明　　1. 版权所有，侵权必究。

　　　　　2. 如有缺页、倒装问题，由出版社负责退换。

图书在版编目（CIP）数据

2023年国家法律职业资格考试主观题沙盘推演. 理论法/高晖云编著. —北京：中国政法大学出版社，2023.6
ISBN 978-7-5764-0944-4

Ⅰ.①2… Ⅱ.①高… Ⅲ.①法的理论－中国－资格考试－自学参考资料 Ⅳ.①D92

中国国家版本馆CIP数据核字(2023)第108652号

出 版 者	中国政法大学出版社
地　　址	北京市海淀区西土城路25号
邮寄地址	北京100088 信箱8034 分箱　邮编100088
网　　址	http://www.cuplpress.com（网络实名：中国政法大学出版社）
电　　话	010-58908285(总编室) 58908433（编辑部）58908334(邮购部)
承　　印	三河市华润印刷有限公司
开　　本	787mm×1092mm　1/16
印　　张	7
字　　数	170千字
版　　次	2023年6月第1版
印　　次	2023年6月第1次印刷
定　　价	45.00元

厚大法考(北京)2023年二战主观题教学计划

班次名称	授课时间	标准学费(元)	授课方式	阶段优惠(元) 7.10前	阶段优惠(元) 8.10前	配套资料
主观旗舰A班	6.6~10.10	56800	网授+面授	2022年主观题分数≥90分的学员,2023年未通过,全额退费;≤89分的学员,2023年未通过,退46800元。		本班配套图书及内部讲义
主观旗舰B班	6.6~10.10	36800	网授+面授	已开课		
主观集训A班	7.15~10.10	46800	面授	2022年主观题分数≥90分的学员,2023年未通过,全额退费;≤89分的学员,2023年未通过,退36800元。		
主观集训B班	7.15~10.10	26800	面授	18800	19800	
主观特训A班	8.15~10.10	36800	面授	2022年主观题分数≥90分的学员,2023年未通过,全额退费;≤89分的学员,2023年未通过,退26800元。		
主观特训B班	8.15~10.10	19800	面授	14800	15800	

其他优惠:

1. 3人(含)以上团报,每人优惠300元;5人(含)以上团报,每人优惠500元。
2. 厚大老学员在阶段优惠基础上再优惠500元,不再适用团报政策。
3. 协议班次无优惠,不适用以上政策。

【总部及北京分校】北京市海淀区花园东路15号旷怡大厦10层　　电话咨询:4009-900-600-转1-再转1

二战主观面授咨询

厚大法考(上海)2023年主观题面授教学计划

班次名称		授课时间	标准学费(元)	阶段优惠(元)		备注
				7.10 前	8.10 前	
至尊系列	九五至尊班	5.22~10.12	199000（专属自习室）	①协议班次无优惠,订立合同；②2023年主观题考试过关,奖励30000元；③2023年主观题考试未过关,全额退还学费,再返30000元；④资深专业讲师博导式一对一辅导。		
			99000（专属自习室）	①协议班次无优惠,订立合同；②2023年主观题考试未过关,全额退还学费；③资深专业讲师博导式一对一辅导。		
	主观尊享班		45800（专属自习室）	已开课		
	主观至尊班	6.25~10.12	39800（专属自习室）	40000	已开课	
大成系列	主观长训班	6.25~10.12	32800	28800	已开课	本班配套图书及内部资料
	主观集训VIP班	7.20~10.12	25800	①专属辅导,一对一批阅；②赠送专属自习室。		
	主观集训班A模式			21800	23800	
	主观集训班B模式			①协议班次无优惠,订立合同；②2023年主观题考试未过关,退15800元。		
	主观特训班	8.20~10.12	22800	18800	19800	
	主观高效提分VIP班	9.3~10.12	18800	①专属辅导,一对一批阅；②赠送专属自习室。		
	主观高效提分班A模式			16800	17800	
	主观高效提分班B模式			①协议班次无优惠,订立合同；②2023年主观题考试未过关,退10000元。		
冲刺系列	主观短训班	9.20~10.12	13800	9800	10800	
	主观短训VIP班			①专属辅导,一对一批阅；②赠送专属自习室。		
	主观决胜班	9.25~10.12	12800	7800	8800	
	主观决胜VIP班			①专属辅导,一对一批阅；②赠送专属自习室。		
	主观点睛冲刺班	10.5~10.12	6800	4580	4980	

其他优惠：

1. 多人报名可在优惠价格基础上再享团报优惠：3人（含）以上报名,每人优惠200元；5人（含）以上报名,每人优惠300元；8人（含）以上报名,每人优惠500元。
2. 厚大面授老学员报名再享9折优惠。

PS：课程时间将根据2023年司法部公布的考试时间作相应调整。

【松江教学基地】上海市松江大学城文汇路1128弄双创集聚区3楼301室　咨询热线：021-67663517
【市区办公室】上海市静安区汉中路158号汉中广场1204室　咨询热线：021-60730859

厚大法考(成都)2023年主观题面授教学计划

班次名称		授课时间	标准学费(元)	授课方式	阶段优惠(元)			配套资料
					7.10前	8.10前	9.10前	
大成系列 (全日制脱产)	主观集训A班	7.8~10.7	25800	直播+面授	16800	已开课		二战主观题资料包 (考点清单、沙盘推演、 万能金句电子版)+ 随堂内部讲义
	主观集训B班	7.8~10.7	25800	直播+面授	签订协议,无优惠。2023年主观题未通过,退20000元。专属辅导,一对一批阅。			
	主观特训A班	8.10~10.7	22800	直播+面授	13800	14800	已开课	
	主观特训B班	8.10~10.7	22800	直播+面授	签订协议,无优惠。2023年主观题未通过,退17000元。专属辅导,一对一批阅。			
冲刺系列 (全日制脱产)	主观短训A班	9.18~10.7	16800	直播+面授	9080	9380	9580	沙盘推演+ 万能金句电子版+ 随堂内部讲义
	主观短训B班	9.18~10.7	16800	直播+面授	签订协议,无优惠。2023年主观题未通过,退15800元。专属辅导,一对一批阅。			
	主观衔接班	9.25~10.7	12800	直播+面授	8080	8580		随堂内部讲义
	主观密训营	10.1~10.7	11800	面授	5080	5580		
周末系列 (周末在职)	主观周末全程班	4.3~10.7	20800	直播+面授	11800	12800	13800	二战主观题资料包 (考点清单、沙盘推演、 万能金句电子版)+ 随堂内部讲义
	主观周末特训班	8.5~10.7	16800	直播+面授	9080	9380	9580	

其他优惠:

1. 多人报名可在优惠价格基础上再享团报优惠:3人(含)以上报名,每人优惠200元;5人(含)以上报名,每人优惠300元;8人(含)以上报名,每人优惠400元。
2. 厚大老学员(直属面授)报名再享9折优惠,厚大老学员(非直属面授)报名优惠200元。
3. 公检法司所工作人员凭工作证报名优惠500元。

【成都分校】四川省成都市成华区锦绣大道5547号梦魇方广场1栋1318室　　咨询热线:028-83533213

厚大法考APP　　厚大法考官博　　成都厚大法考官微

厚大法考(郑州)2023年二战主观题教学计划

班次名称		授课时间	标准学费(元)	授课方式	阶段优惠(元)		配套资料
					7.10前	8.10前	
大成系列	主观集训A班	7.20~10.10	36800	网授+面授	2022年主观题分数≥90分的学员,若2023年主观题未通过,全额退费;2022年主观题分数≤89分的学员,若2023年主观题未通过,退26800元。一对一批改服务、班班督学、一对一诊断学情、针对性提升、课程全面升级。		配备本班次配套图书及随堂内部资料
	主观集训B班	7.20~10.10	29800	网授+面授	11300	已开课	
	主观特训A班	8.20~10.10	31800	网授+面授	协议保障,若2023年主观题未通过,退21800元。一对一批改服务、班班督学、一对一诊断学情、针对性提升、课程全面升级。		
	主观特训B班	8.20~10.10	25800	网授+面授	9800	10300	

其他优惠：

1. 多人报名可在优惠价格基础上再享团报优惠：3人（含）以上报名，每人优惠180元；5人（含）以上报名，每人优惠280元。
2. 厚大面授老学员在阶段优惠价格基础上再优惠500元，不再享受其他优惠，冲刺班次和协议班次除外。

【郑州分校地址】 河南省郑州市龙湖镇（南大学城）泰山路与107国道交叉口向东50米路南厚大教学

咨询电话：杨老师 17303862226　　李老师 19939507026　　姚老师 19939507028

| 厚大法考APP | 厚大法考官微 | 厚大法考官博 | QQ群：712764709 | 郑州厚大官博 | 郑州厚大官微 |

厚大法考(西安)2023年主观题面授教学计划

	班次名称	授课时间	标准学费（元）	授课方式	阶段优惠(元)		
					6.10 前	7.10 前	8.10 前
大成系列	主观旗舰 A 班	5.12~10.8	36800	网授+面授	2022年主观题分数≥90分的学员,2023年未通过,全额退费。2022年主观题分数<90分的学员,2023年未通过,退28000元。		
	主观旗舰 B 班	5.12~10.8	18880	网授+面授	12380	已开课	
	主观通关 A 班	6.18~10.8	25800	网授+面授	2023年主观题未通过,退16000元。座位优先,面批面改,带练带背。		
	主观通关 B 班	6.18~10.8	16800	网授+面授	11880	12380	已开课
	主观集训 A 班	7.10~10.8	21800	网授+面授	2023年主观题未通过,退12000元。座位优先,面批面改,带练带背。		
	主观集训 B 班	7.10—10.8	13880	网授+面授	10880	11380	11880
	主观特训 A 班	8.20~10.8	18800	网授+面授	2023年主观题未通过,退10000元。座位优先,面批面改,带练带背。		
	主观特训 B 班	8.20~10.8	11880	网授+面授	8880	9380	9880

其他优惠：

1. 多人报名可在优惠价格基础上再享团报优惠：3人（含）以上团报，每人优惠300元；5人（含）以上团报，每人优惠500元；8人（含）以上团报，每人优惠800元。
2. 老学员优惠500元，不再享受其他优惠。
3. 协议班次无优惠，不适用以上政策。

【西安分校地址】陕西省西安市雁塔区长安南路449号丽融大厦1802室

| 厚大法考 APP | 厚大法考官博 | 西安厚大法考微信公众号 | 西安厚大法考 QQ 服务群 | 西安厚大官博 |

厚大法考(广州)2023年主观题面授教学计划

班次名称		授课时间	标准学费(元)	阶段优惠(元)			配套资料
				7.10前	8.10前	9.10前	
全日制脱产系列	主观集训班	7.8~10.7	30800	18800	20800	——	二战主观题资料包(考点清单、沙盘推演、万能金句电子版)+课堂内部讲义
	主观暑期班	7.8~9.3	20800	11800	12800	——	
	主观特训班	8.10~10.7	23800	14800	15800	16800	
周末在职系列	主观周末全程班(视频+面授)	5.6~10.7	20800	已开课			
	主观周末特训班	8.5~10.7	16800	12300	12800	13800	
冲刺系列	主观短训班	9.18~10.7	19800	10300	10800		沙盘推演+万能金句电子版+课堂内部讲义
	主观衔接班	9.25~10.7	14800	8000	9000		课堂内部讲义
	主观密训营	10.1~10.7	11800	5500	6000		随堂密训资料

其他优惠： 详询工作人员

【广州分校】 广东省广州市海珠区新港东路1088号中洲交易中心六元素体验天地1207室
咨询热线：020-87595663　020-85588201

厚大法考APP　　厚大法考官博　　广州厚大法考官微

厚大爱题库
专于考试精于题

爱题库APP　　爱题库 微博

法考刷题，就用厚大爱题库！

多： 2002-2021，主观题客观题，模拟题真题，应有尽有。

细： 名词解析细致，法条罗列清晰，重点明确，解析精细。

新： 按照新考纲、新法条及时修改解析，越新越应试。

趣： 法考征途，边做题边升级，寓学于乐，助力法考！